[英国] 休 · 汉密尔顿 著　王晓凌 译

印度哲学祛魅

牛津通识读本 ·

Indian Philosophy

A Very Short Introduction

译林出版社

图书在版编目（CIP）数据

印度哲学祛魅/（英）汉密尔顿（Hamilton, S.）著；王晓凌译.
—南京：译林出版社，2013.6（2022.4重印）
（牛津通识读本）
书名原文：Indian Philosophy: A Very Short Introduction
ISBN 978-7-5447-3274-1

Ⅰ.①印… Ⅱ.①汉… ②王… Ⅲ.①哲学史－印度 Ⅳ.①B351

中国版本图书馆CIP数据核字（2012）第219849号

印度哲学祛魅 [英国] 休·汉密尔顿 / 著 王晓凌 / 译

责任编辑 何本国
责任印制 董 虎

原文出版 Oxford University Press, 2001
出版发行 译林出版社
地 址 南京市湖南路1号A楼
邮 箱 yilin@yilin.com
网 址 www.yilin.com
市场热线 025-86633278
排 版 南京展望文化发展有限公司
印 刷 南通印刷总厂有限公司
开 本 890毫米×1260毫米 1/32
印 张 9.625
插 页 4
版 次 2013年6月第1版
印 次 2022年4月第7次印刷
书 号 ISBN 978-7-5447-3274-1
定 价 39.00元

序言

湛　如

印度哲学与中国哲学、西方哲学被并称为世界的三大哲学传统，印度与中国同为世界文明古国，印度文化在世界上占有重要地位。印度哲学是印度文化的基本组成部分，具有较强的系统性和逻辑性，理论深邃，源远流长，中国、日本等国传统文化中包含着很多印度文化的影子与元素。中国自古以来就有研究印度宗教文化的传统，但古代与现代中国人接触较多的是印度佛教，从汉代的译经开始一直到清末的佛教义学的复兴，历代东来西去的高僧成为中印文化交流的主体，玄奘等四大翻译家的成就与影响更是让人耳熟能详。

吠陀是现存古印度最早的宗教历史文献，而奥义书中则出现了一些印度哲学的基本观念，包括部分哲学理论。尽管一些哲学观点与宗教思想密不可分，但奥义书被很多人视为印度哲学的起点与宗教哲学的源头，奥义书的成书时间大体上是公元前800年至公元前500年左右，奥义书中的“梵我同一”、“轮回解脱”的理论对后世印度哲学产生了重要影响。

从公元前6世纪至公元前2世纪，印度思想与哲学进入百家争鸣时期，印度著名的两大史诗《摩诃婆罗多》和《罗摩衍那》的主要部分在这一时期形成，两大史诗中有不少篇幅讲述了哲学与宗教，人们习惯将这一时期称为“史诗时期”。

公元前6世纪以后到公元4世纪，婆罗门教系统内部出现了分歧，导致六派哲学的先后形成，六派哲学均承认吠陀权威，这一时期也被称为“经典时期”。沙门思潮的兴起在一定程度上给婆罗门教带来了较为严重的危机。新思潮、新思想种类极多，不同文献记载有数百种之多，最有代表性并持久发展的是佛教、耆那教和顺世论。佛教的创立就是反对婆罗门教的三大纲领，但对婆罗门教的某些思想还是进行了不同程度地吸收与改进，佛教的理论体系庞大，但有关灭苦的方法、轮回、解脱等主张与婆罗门教有着非常相近之处。然而，佛教的缘起论、主张诸行无常等观念则是与婆罗门教的最大不同。佛教、耆那教和顺世论都不承认吠陀的权威，在很多方面与婆罗门教对立，被婆罗门教系统称为异流三派。实际上，印度历史上占主导地位的宗教仍然是婆罗门教或印度教。

在佛教兴起并持续发展的漫长历史进程中，婆罗门教似乎淡出了人们的视野，但婆罗门教凭借着自身的传统与文化习惯等诸多因素，一直以不同方式在进行自身的理论调适与发展。随着公元8世纪左右商羯罗(788—820)的出现，婆罗门教在理论与实践等多方面的改革已经取得了显著成果，印度教的出现便是其最为明显的例子，它将传统的婆罗门教思想进行改造，完善了传统婆罗门教的基本学说，并为印度教的理论进行了有力铺垫。

公元9世纪至18世纪，印度经常受到新的民族与新的宗教的影响，南亚次大陆的宗教与民族冲突日益严重，印度教的影响逐渐扩大，而佛教在8世纪之后也许是因为时节因缘的关系，在印度本土的发展呈转型态势，而佛教第二故里的中国则如日中天，汉传佛教的主要宗派都纷纷创立，禅宗更是一花开五叶，结果自然成。耆那教的影响日益缩小，伊斯兰教的思想则有了较大发展，15 世纪末和 16 世纪初，锡克教又有了自己的势力范围。

印度近现代百分之八十以上民众信奉的是新婆罗门教(即印度教)，佛教的思想也在印度教中有所影响，佛教与婆罗门教包括与印度其他宗教的交流，也直接或间接丰富了佛教自身的思想体系。因此，了解佛教以外的印度宗教哲学对完整地理解印度文化十分重要。

本世纪以来，国内关于印度哲学的研究可谓代不乏人，晚近以来，梁漱溟先生、陈寅恪先生、许地山先生、向达先生率先开印度学研究之先河，奠定了印度学在国内研究的基础。此后季羡林先生、饶宗颐先生、金克木先生自 50 年代以来一直从事这方面的研究，而且硕果迭出。文革后国内印度学研究的成果更是取得了长足的进展，一些专门性的成果也先后问世，巫白慧先生、黄心川先生、姚卫群先生等都有着系统性的讨论与论述。

休·汉密尔顿的这本《印度哲学》为近年来印度哲学领域较为引人注目的著作，本书试图阐明的是印度思想中关于理性的传统，并与西方哲学的“理性”进行了通俗的辨析。作为通识性的读本，本书分八章，基本上对印度哲学二千五百年左右跨度的内容作了流畅地梳理，一些观点已经超越了一般意义上的通识，字里行间流露着精辟的思考，并启发读者在阅读本书后继续探寻印度哲学的奥秘与神奇。

作为有缘较早读到本书的原著与汉译本的自己，一直在为本书取得的成绩欢喜不已，承蒙译林出版社友人的厚爱与垂青,希望在汉译本出版之际为本书写几句话,惶恐之余迟迟不敢下笔,阅读本书的过程也是自己学习的过程,期待并祝福读者能有各自不同的收获。

目 录

前言

三万五千字篇幅的印度哲学？许多人会认为这是不可能的。可以肯定，即使有人被说服来尝试这项工作，也没有两个人会按同一方式去做的。就本书而言，我对所用材料的多样性的处理方法已在第一章中作了解释。但无论如何，作为一本入门导读其主要目的还在于突出特色，引导感兴趣的读者去涉猎比本书所蕴含的更为广阔、更为复杂的主题，同时，还要使这类主题能为初学者所接受。这些就是我撰写本书的指导思想。我希望本书能引起人们的一些思考，不管是就介绍用不同的方式来思考我们所经历的世界，还是就激起感兴趣的人去进一步探究这个课题而言。为此，本书最后列出了推荐书目。

按照入门导读的方式探讨哲学思想，并且是从非英语的文本着手，这就必须要处理两个实际问题：一是不可避免地要使用与哲学问题有关的专业术语；二是如何才能最佳地翻译出那些关键词及原文摘录。关于专业术语，我已尽量少用，但对那些用法较为重要、要求初学者加以熟悉的术语，我还是添加了一些解释性的加框文字。然而无论怎样，要记住的是这些术语本身并不重要，重要的是理解它们所涉及的内涵。

至于翻译，有时一个关键词无法翻译成有意义的英语对应词；在这种情形下，我就照搬梵语或巴利语的原文。但我也请各位读者不要因为不熟悉这些生词而失去阅读的兴趣。实际上，诸多学科与领域——拉丁语，希腊语，涉及主要的语言学传统或文化传统的著作，数学与物理学，以及当代一般技术与计算机技术——都需要接受和学习一定的专业术语，而这些术语最初也可能是没人能够理解的。本书中没有翻译的原文词汇是少量的，并且这些术语使用的前后语境也会有助于读者对其进行理解。

对于从原文中引用的长篇节选，一个更为棘手的问题是如何按原文忠实地翻译出来。不仅对原文语法和句法的忠实经常会导致笨拙生硬的英文，并且许多原文组合的词汇没有相对应的英文：这种情况下直译往往还不能传达原文的含义。为寻求平衡，我认为一个可取的方法是在可能的地方把某些章节改写成英文。因此，我在书中尽力使用普通的现代英语，而且，为了清楚地表达原文，在某些具体情况下我不会局限于意译，而是采用形式上的翻译。总之，我的目的就是尽可能明白清晰地表达原文意思。当然，要是读者愿意，你们也可以去求助其他翻译版本来作个对比或进行替代的阅读。除特别声明，本书中的直译与意译均出自笔者本人。

在此，我要对牛津大学出版社的乔治·米勒致以谢意，他邀请我撰写本书并且给予我和蔼可亲的指导与建议；同时也感谢特雷西·米勒在编辑本书的过程中所提出的宝贵意见。另外，我要特别感谢伦敦国王学院在所有其他学者忙于出版大量的“基础研究”任务时，能允许我以公假专门撰写本书。

还要对缪里尔·安德森、塞西莉亚·斯托尔和盖伊·沃特森表示十分的感谢，他们慷慨地挤出时间来评阅了我的手稿。当然，最后定稿的文责全部由我本人承担。我还要向我的同事兼朋友理查德·刚布里奇表示感谢，感谢他在本书写作以及其他方面所给予的诸多建议、批评和支持。最后要感谢的是克莱尔·帕尔默，是他长期以来与我交流意见和想法并为我提供精彩的灵感，本书第 101 页[①]便是专门为他而写。

① 为方便读者查阅，此处已将原文标注的英文页码替换为相应的中译文页码。以下类似情形不再一一说明。——编注

语言及发音注解

本书谈到了印度传统中使用的梵语和巴利语两种语言。如正文前几章所述，公元前数百年，在自称为雅利安人的人群从欧亚大陆中部经由今天的巴基斯坦迁徙至印度北部时，印度传统便开始了。保留在他们仪式惯例中的语言就是梵语，即后来被一位名为帕尼尼的文法学家编撰成经典形式的语言（参见本书第四章）。在语言史上，梵语被称为“古印度—雅利安语”，大多数印度哲学作品都是用这种语言写成的。随着时间的推移，这种经典的梵语出现了多种形式的变体与方言，它们被统称为“中期印度—雅利安语”，巴利语就是其中的一支。早期佛教的许多经文就是以巴利语的形式才保存下来的。上述不同语言之间的紧密联系可以用梵语单词 *dharma*（“法”）来解释说明，其在巴利语中是 *dhamma*；同样，梵语 *nirvāṇa* 变成巴利语则是 *nibbāna*（其相应的英语形式是 nirvana，即涅槃）。

梵语与巴利语是两种以相同的字母为基础的表音语言，这种字母比我们熟悉的罗马字母要长一些，许多外加字母中都标有变音符号，比如：ā 与 a；ñ、n、ṇ、ṅ 与 n；ś、ṣ 与 s。有时人们会发现在英语中会将 ś 改写为 sh，因为这就是 ś 的发音。但是如果保留变音符，发音就更为准确，因此，我在本书中采用完整的梵语与巴利语字母。

熟知梵语和巴利语的发音规则有助于克服这两种语言最初带来的陌生感。以下即是一些发音规则：

a　短音，如英语 hut 中 u 的发音

ā　长音，如英语 nirvana 中 a 的发音

i　短音，如英语 hit 中 i 的发音

ī　长音，如英语 feet 中 ee 的发音

u　短音，如英语 put 中 u 的发音

ū　长音，如英语 boot 中 oo 的发音

e　类似英语 may 中 a 的发音

o　类似英语 rope 中 o 的发音

r　如英语 pretty 中 r 的发音

s　如英语 sit 中 s 的发音

ś，ṣ　sh 的变体

ñ　如英语 canyon 中 ny 的发音

ń，ṇ 如英语 not 中 n 的发音，但 n 的发音要求舌头位于上颚的后部

t　如英语 tea 中 t 的发音

ṭ　如英语 tea 中 t 的发音，但 t 的发音要求舌头位于上颚的后部

m　如英语 hang 中 ng 的发音

k，g　一直发浊音，如英语 kill 和 gull 中 k 和 g 的发音

c，j　一直发轻音，如英语 chill 和 jug 中 ch 和 j 的发音

h　发音一直如英语 uphill 中的 h（也如 Buddha 中的 h）

r　持续发音，如爱尔兰语或美国英语中的发音（如 karma 中的 r；kāma 意为 "欲望"——如在 kāma sūtra 中的音）

做一些练习能帮助读者熟悉发音规则，请试做如下练习：

ṛṣi, himālaya, dhamma, samṣāra, Nāgārjuna, Bhartṛhari, ānvīkṣikī, ātman, Mīmāṃsā, *darśana, mokṣa*, Vaiśeṣika, śaṅkara, Sāṃkhya, Viśiṣṭaādvaita-vedānta

第一章

理性与信仰

印度思想的丰富性和多样性

印度哲学思想历史悠久、源远流长，且丰富多样，前后跨越大约二千五百年，涵盖了几大主要的宗教传统。以哲学为背景的宗教意义尤为深远，这是因为从传统上来说，在印度，无论人们关注什么都试图要去理解其本质，因此人们认为哲学思考的作用是与个人的命运直接相关的。所以，哲学并未被看成是一种在工作之余可以被搁置一边的专业性的学术追求，而是被看作人们内在或精神上的一种追求，它试图去理解实相(即现实)的真正本质。也许人们会说，西方人所说的宗教和哲学在印度是合二而一的，因为在那里，人们总是试图在最广义的层面上去理解生命的意义和结构。相对于把宗教看成是一种带有启示性的信仰、把哲学当做一种学术性思辨，印度人的这种看法倒更接近苏格拉底的理论。

思考与信仰

我们首先要掌握的一个要点就是印度哲学的本质，对此作进一步的探索是值得的。德国伟大的哲学家伊曼努尔·康德认为通过逻辑推理便可以了解事物的本质，并将上帝从中分离出来。毫无疑问从那以后，在西方，哲学和宗教之间就有了一条清晰的界线。人们一直认为在宗教这一领域中,“信仰不可捉摸”不仅得到允许,而且有时是**必需**的;有时仅仅由于某人的身份,其所陈述的事情便被赋予至高无上的地位(即他们所说的一切,无论是否能得到证实,甚或产生疑义,都被当做是真理);同时还存在着不同程度的“另类”,比如超凡的上帝,一些具有超人类或超自然地位和/或知识的人,以及/或者各种类别的超人类或超自然的力量源泉。所有这些因素,或其中任何的因素,都受到了不同宗教传统拥护者的“信奉”,不过有人是深信不疑,有人是将信将疑,这些人便是我们所熟知的“信徒”。

对于信徒来说,至关重要的一点是,他们还相信宗教修行是与他们的命运直接相连的。具体来说,这两者之间的关系也是多样化的。有些人认为他们的宗教信仰和修行会影响他们此生的生活,而另一些人则认为这种影响只有死后才能体验到。还有些人认为现在和/或死后,他们身上所发生的一切,都是由他们的信仰和修行所直接引发的;也有些人认为他们的命运完全受控于他们所相信的超凡的、超人类的强有力的“他者”;还有些人认为这是以上两者共同作用的结果。无论对以上内容作何种理解,正因为存在着宗教信仰和修行与个人命运——尤其是死后的命运之间的关系,宗教才被归为耶稣救世学,或是“系统的灵魂救赎”。

作为耶稣救世学的宗教:由希腊语中的 *soter* 演变而来,该词意为“救世主”。通常,一个系统并不一定非要认为有一位真正的救世主般的人物存在才能让系统自身被称为耶稣救世学。关键在于相关信徒的命运被认为与他们的信仰和修行有着直接联系。

与此相对，哲学这门学科自康德以后主要关注的是，仅借助理性的论辩对可知的实相的本质与结构进行探究。这也就是说，无论哲学家们关注的是什么具体的主题，他们研究的方法必须在逻辑上无懈可击：信仰不可捉摸是不被允许的，任何人的话语都不能凌驾于理性之上，任何一种修行都不能超出人类知识能力的范围之外。此外，无论其内容如何，哲学探讨都被一概看成具有其自身的智识目的，而且可能对任何事物都不产生影响。哲学完全不是什么耶稣救世学——事实上，这正是它区别于宗教的一个很重要的方面。

关于宗教与哲学的划分，有两点值得注意。首先，尽管它们之间存在差异，这两个领域仍然会关注一些共同的内容。其次，即便是在西方，这两者之间的差异也并不总是泾渭分明的。两者间的共同性在于，宗教与哲学在根本上都关注实相的本质。比如，让我们来看一种宗教，它持有以下教义：有一种存在被称为上帝，众所周知他在整个宇宙中都是超凡无比的；上帝是万物的创造者，他创造了拥有不朽灵魂的人类所生存的世界；一个人的所作所为会影响他的来世。即便是这么一小段内容，我们也能从中了解到，根据这种宗教信仰，实相是由两种完全不同的存在物（此处便是上帝与非上帝）组成的，不可能再有其他任何事物，因为上帝是万物的创造者。我们还能从中了解到，非上帝这一类中至少有一部分存在物是众生的（所有个体的灵魂），而且是永恒的。最后这一点非常具体地告诉了我们一些有关人类本质的重要内容：人类本身就是实相的一部分，实相可能是以众多方式中的任何一种来组成的。除此之外，我们还知道有些因果系统会把当前的行为与将来未知的某种存在方式联系起来。

即便人们可能会有兴趣去了解实相本质的许多其他方面，即便关于这一点宗教也可能有话要说，即便这个例子过于笼统，我们却获知了哲学也同样十分关注的两个关键问题：实相是如何从根本上构成的，人类的本质是什么。

宗教与哲学共同关注的另一个问题是，一个人如何才能找到这些关键问题的答案。在我们假想的这个宗教案例中，如果教义是由一位超人所给予而且信徒们把他所说的话当做真理来接受，那么一个人的知识便是通过“启示”（或者被称为“言语证词”）来获得的。事实上，在日常生活中我们所有人都非常依赖言语证词。例如，那些曾经亲眼目睹过南极洲的人会说，南极洲就在地图上标明的那个地方，而我们当中那些从未去过南极洲的人们，便会把他们的描述当做事实来接受。从未经历过分娩的人，也会因为那些经历过的人的描述而相信分娩是非常痛苦的。我们都会习惯性地根据新闻记者、老师、作家、科学家、专家学者等所说的证词，来了解各种各样的事物。在日常情况下，通过这种方式所获得的信息，至少在原则上都可以得到验证。然而在宗教领域里，情况却有所不同。造成这种差异的原因不是因为了解方式的不同，而是因为宗教里的主题都无法得到验证。因此，对宗教师长所给予的信息，只能基于笃信而加以接受，或者说“信奉”。哲学家对这种不可验证性是不接受的，并且认为这种有关实相本质的信息是无效的。对同一主题，哲学家只会借助理性的或逻辑的认知过程来进行研究。所以，哲学这门学科特别关注其自身与所谓“知识的限度”的关联。也就是说，哲学试图建立一套标准，并据此来鉴别资料本身是否可以被合理地理解为有效的知识。有关认知的理论（我们如何来认识）在此被称为认识论。

宗教与哲学的共同关注

形而上学把实相的本质看成是一个整体，它所探究的是实相如何从根本上形成、实相构成成分的种类和性质以及这些成分之间的关系。世界/万物/宇宙、人类、其他存在物和因果关系都是受到关注的重要领域。

认识论（源于希腊语 *episteme*，意为知识）研究认识的方法。常见的认识方法包括逻辑论证或推理、推断、证明和感知。

说到上述第二条，即宗教与哲学之间的界限并不总是泾渭分明，西方的哲学传统起源于公元纪年前的希腊，在当时的社会背景下，很多人都试图对实相的本质有更多的了解。其目标与目的是为了获取此方面的智慧，任何与此相关的顿悟都被视为趋于智慧：于是有了哲学——“爱智慧”。哲学探讨与我们所理解的耶稣救世学在概念上没有任何相通之处。但是，那些由伟大的希腊哲学家们所提出的各种关于实相本质的假想，却仍然包含了在部分宗教教义中可能会发现的那类议题。他们关注的是世界、人类以及人类寻求智慧之重要性这三方面的本质。这被看成是人类所能进行的最高层次的活动，如果可能，应当全力追求。苏格拉底曾经特别给出过建议，即一个人应如何把追求智慧与过上最好的生活结合为一体。

继希腊人之后，公元纪年的西方哲学在长达数世纪的时间里，一直被那些宗教意识浓厚以及试图对“上帝的世界”有更多了解的人所主导。那些具有伟大独创见解和巨大影响力的哲学家，诸如奥古斯丁、安瑟伦、阿奎那、笛卡尔、黑格尔等，都是修行的基督徒，他们都试图将宗教问题与哲学问题融合起来而非分离开来。然而，这些伟大的思想家们关注的范围实在是极为宽泛，其中一个特别被关注的问题就是上帝是如何适应实相结构的。基督教教义认为上帝的存在就像是教义中的一个信条，是不言自明的，但是也有人想通过理性的论证来确定上帝的存在。这样一来，信仰与理性便会和谐一致，彼此无争。笛卡尔也曾对此作过专门的论证，认为上帝的本质在于，一个人完全可以依靠上帝的帮助来克服独自推理的局限性。因此，为了寻求理解，信仰与理性便结合起来，并在事实上也扩展了这种理解的可能性。这些哲学家都很清楚他们在做什么，然而也都相信他们所采取的方法是完全合理有效的。在信奉基督教的西方，第一个对为了寻求知识将信仰与理性融为一体提出严肃质疑的哲学家是康德。康德坚持认为，一个人能够认知多少确切的事物，这严格地受限于借助推理所能探知的范围，而这一切与上帝并没有任何关系。作为一名虔诚的基督徒，康德相信上帝是存在的。但是他把这种信仰与哲学逻辑分离开来，并表明人永无可能得到关于信仰问题的确切知识；这些在过去和将来都只能是信仰，而确切的知识则属于哲学的范畴。

因此，当代的西方哲学派别声称，它们只关注某些确定的知识，也只研究那些可以通过逻辑论证来思考的问题。由于这种方法论标准被非常严格地强行实施，以至于从 20 世纪初开始，大多数哲学家都不再关注那些重要的形而上学方面的重大问题，比如，那儿有什么？存在什么？关于实相本质的绝对真理是什么？有些人会说，回答这些问题所牵涉到的推理过于思辨，无法将之可靠地限定在可理解的范围之内，因此最好还是将这些问题搁置一边。其他人则主张，那些与可能超越人类经验的任何事物有关的问题，在本质上都是毫无意义的。因此，现代哲学倾向于关注一些与各种逻辑分析和语言分析有关的具体而专业的问题。早期的哲学家在谈及他们在追寻智慧或理解的过程中应该如何生活时，都曾讨论过诸如伦理和善这样的话题，这些话题多被当成智力上的一种抽象来加以探究和论辩。专门的哲学已经从个人的追求中分离出来，而且对于很多人来说，哲学本身只有在这种现代意义上才能被理解。

在研究印度哲学传统的起源和发展时，如前所述，人们需要更多地从传统或本源的意义上去理解哲学思考的作用，而不是像现代的人们所理解的那样。在印度，哲学试图去理解实相的本质，进一步来说，其意义在于人们相信对实相的理解会对个人的命运产生深远的影响。对有些人来说，其目的直接指向耶稣救世学，另一些人则不以为然；但对所有人来说，它都是一种与宗教传统有关的活动，也就是我们所说的宗教事业。的确，在印度直到近代，当西方的传教士和学者开始对印度教派各种不同的特点进行区分，以便让它们更容易被纳入西方自己的概念框架时，人们对其所指出的宗教和哲学之间的这种差异才有所了解。

在阐述印度思想背景的一些特征之前，需要提醒一句：也许因为在印度宗教和哲学之间存在着交叉，西方于是有一种倾向，认为印度思想是“神秘的”甚至是“魔幻的”，它与西方思想的“理性”截然相对。这种认识是错误的。这一观点源于某种浪漫化的思想体系并以不同的方式呈现出来，同时还把各种“异域”内涵的东西仅仅归入不熟悉之列。事实上，印度有着牢固的理性论辩的传统，这种理性传统对印度各种不同思想体系倡导者的意义与其对西方伟大哲学家的意义，具有同等的重要性。

那些初次研究印度思想传统的西方人，无论他们首先关注的是宗教还是哲学，都面临着两个既相同又相对的问题。其一是要在那些看起来令人迷惑的多样性中找到一些可以理解的东西；其二则是不要强行给资料本身套上束缚，以至于忽略了这种多样性的方方面面所体现出的重要意义。后者的一个典型例子就是“印度教”（Hinduism）：因为印度教这一名称的存在，西方人想当然地以为它与其他“主义”或“学派”（isms）一样，是一个单一而又具有整体性的教派。西方人对于自己的发现一直感到很困惑，直到他们获知，印度教这一名称不过是 19 世纪一些西方人给一种高度复杂和多样化的思想体系所贴的一个标签而已，因为这些人并不能理解和正确评价这种复杂性。想象一下，那些在公元纪年刚刚开始的时期被欧洲和中东所覆盖的区域——再设想一下，那些外来者给当时那片区域里的“宗教”贴上一个单一的标签。这些想象和设想，使我们体会到当印度的“宗教”被贴上印度教标签时所发生的情形，并使我们了解还需在多大程度上去阐释和理解印度传统的内涵，才能还原其本来的面目。

但是，就像欧洲和中东的宗教和思想虽在许多方面不同却有着某些共同的起源、主题和结构，而且它们在很大程度上共有同一种世界观和概念框架一样，印度传统内部的情形也是如此。因此要想剖析并理解这种复杂性，就必须找出那些共同的起源、主题与结构并且要对印度思想产生、流变于其中的世界观及概念框架有充分的了解。在此方面幸运的是，印度也经历了一段与古希腊时期遥相呼应的年代，印度哲学传统恰于此时出现。尽管这些早期的印度思想家汲取并发展了一些较早的思想和资料，其中有些内容是我们已了解的，但是一直到公元前

5 世纪，那些具有清晰特征的思想流派才开始相互承认，而且相互影响、辩论并试图驳倒对方，有时不同派别之间也会相互融合。正是从这一时期开始，各种不同的学说研究出现并存现象，而那些仍留存在传统内的学说约两千年后则依据来源被称为“印度教”。还有一些建立了其他的教派，如佛教和耆那教。有关早期的这段内容将会在本书的第二章和第三章作具体论述。

真理的洞见

传统上，印度哲学被称为诸见(*darśanas*)，这一术语本身就为我们揭示了印度哲学思想产生、流变于其中的世界观及观念框架的一个根本方面。*darśanas* 字面意思为“见解”，即指对事物的认知性“洞察”。其“见解”或“洞察”的隐含义为洞察实相的本质，这反映出领悟实相的本质是印度哲学所探求的目标。那些最早传授具体诸见的师长被称为智者(rishis)，意为“见识者”。

基于此，*darśanas* 一词同样也表明，人类在经验知识的意义上能够获得对形而上真理的真正洞见——这一观点已为众人所接受。洞察力，或英语中有时所说的智慧，在印度思想背景下并不局限于智力知识。尽管理性论辩和智力论辩在印度哲学流派中都扮演着极其重要的角色——在某些流派中，几乎排斥了其他各种因素的作用——但是，人们还是认为通过各种脑力训练，个体的认知力可以得到提升和改变，这样个体便可以具备超越其**正常**能力的远见卓识。我们可以发现，一些特定的诸见将其教义和观点建立在古时的智者凭借他们自身的形而上洞察力所作出论述的基础之上，这些智者所述已被证明完全真实有效——真实到仿佛其亲眼所见或仅凭逻辑论辩得出。对另一些人而言，重要的是任何遵循诸见教义的人，其本身就要能“悟”到它所传达的真理。原则上来说，这种获得形而上洞察力的能力被认为是人类普遍具有的特质：并不是那些自称具备此能力的人才在某种意义上被视为超人。重塑个人的认知力使之有可能具备这种洞察力，这是瑜伽派的基本原理，由此而产生的洞察力则被称为瑜伽感知。

这就是印度思维方式的世界观背景与西方世界观最深刻的一个差异，或许也是西方人最难以领会的。也许正因为如此，西方哲学家倾向于只关注印度哲学中那些与逻辑辩论有关的方面，同时这可能也解释了为什么其他人把印度哲学思想看成具有魔幻色彩或神秘性的原因。然而，从印度世界观的角度来看，通过有规律的思维训练是可以改变一个人的认知能力的，这个过程与系统地学会演奏一种乐器没有太大的差别。二者均需要长期的坚持操练以及身体与智力各方面的协调一致。哪一种都没有什么神秘的——二者都被视为一种技巧。

业报轮回

“业报轮回”思想是印度世界观的另一个特点。英文中 karma 一词是由梵语 *karman*（羯摩）演变而来的，意为“业”。其隐含意义为有业故有果报，业报即指如自然法则般运转的因果报应规律。这一术语本身完全是中性的，但不同的文化传统赋予其不同的价值色彩。同样，因果报应规律在各种文化中的地位也因传统的不同而有所差异。有业故有果报的业报基本观念起源于祭祀仪式中的行为。祭祀仪式被认为会招感某些特定的果报，这些果报有利于优化宇宙万物的运行。与果报相关联的祭典行为可为身业或为口业（出声即为“业”），而若要因果报应规律奏效，正确性尤为重要。因此业的正当或善取决于其正确性，而这种与理解业报相关联的价值观与道德伦理则无关。

到了公元前5世纪，伴随着对业报最早期的领悟形成的一种说法是，依照宗教师长所规定的职责去生活——“履行”职责，包括举行祭典，但不仅限于此——将会给个体本身带来善果。在此阶段，业报与轮回的思想逐渐被联系起来，因为人们相信，一个人履行职责所带来的果，不管是善还是恶，都可能会在他的众多来生中得到应验，其中每一世的境况都是以此种方式来决定的。作为祭典行为的业，与履行规定职责的果之间是相关联的，这便含有一种关于正确性而非伦理道德的价值标准。在印度宗教传统中，这一观点在该分支发展的后期得到了强调，当时重要的宗教师长一再重申，哪怕草草地履行自己的职责都比越俎代庖仔细地完成别人的职责要强；不管看起来如何不道德，履行自己的职责无疑要比基于道德基础忽略它更好。

在公元前5世纪，还有其他一些有关业报说的诠释，其中包括耆那教和佛教。耆那教主张一切业——他们将其分为口、身、意三方面——致使物质粒子附着于灵魂，正是这一点才使灵魂为业所束缚，并在无限轮回中不断重生。因为，耆那教也信奉个体应该苦行修炼以使其灵魂摆脱业的桎梏，其教理暗示着业皆为恶业：业无“善”果。与之相对，依据佛陀的说法，业报本质上属伦理道德范畴，因为人们关注的是由业而产生的果。就业报法则而言，个体的意念用佛陀的话来说就**是**该个体的业：外在可见的行为并不重要，重要的是人们的思想状态。因此这里的业报法则并非“业”的通常意义。

由此可见，业报即指因果报应规律的运作。尽管不同的思想流派对其有不同的诠释，它仍然是整个印度世界观的基石，并受到除为数不多的激进唯物主义者之外各流派的普遍接纳。自公元前 5 世纪起，业报的概念就与个体都经历不断轮回这一信念相互关联。业有果报是轮回得以延续的动力，而每一轮回的具体状况又与之前具体的业相关联。

掌握印度世界观的这一方面对我们来说十分重要，这主要是因为它与洞察实相真正本质相关联的方式。大多数印度思想体系都宣称，具备这样的洞察力可以使个体从无限的业报中获得解脱。这也是人们进行哲学探讨的主要目标与目的，以及把哲学与宗教联系在一起的原因。为了呈现对真理的“洞见”，各诸见都按其所是地描绘其实践者将会“见”到的东西，而这一目的的重要性——西方人称之为“拯救”——则阐释了为何各个思想流派将建立教义的连贯性、合理性、功效性看得如此重要。

复杂与多样：内容的筛选

历经多时才逐渐形成的论辩环境是极其复杂而独特的，并且层次繁复、变化多端，其中所讨论的是具有对抗性的世界观。这就意味着在一个简要的介绍[①]中要对内容作出艰难的取舍。值得一提的是，本书舍而未论的内容就包括上文提及的耆那教。耆那教的创建者大雄与佛陀是同时代的人，其教理独树一帜且生动有趣，并深受印度宗教—哲学传统的影响，但略去这部分并不影响印度宗教哲学传统的全貌。使某一唯物主义思想学派实现系统化的唯物派传统，除了书中随手带过的一笔之外也被省去了。该传统的重要性在于它对相对立的思想流派构成了挑战，并对哲学论战环境作出了饶有趣味的贡献。但对于耆那教，省略大量的描述并不会对理解整个大画面产生影响。另

① 原文为“A Very Short Introduction”，指本书。——编注

外一个省去的主要内容是湿婆教，它代表了印度思想中重要、复杂而且极具影响力的一脉。由于其涵盖面过广，内部甚为繁杂，以至于任何过于扼要的简述只会歪曲它。

就像省略那些重要的教派一样，依定位本书也无法详述各个不同哲学思想流派长时期的发展历程，以及由于他们对各自基本观念和重要经文的不同理解而造成的内部分化。这种现象在百家争鸣的论战大环境下是极其普遍的，因为各个学派的拥护者会竞相探寻一些新的方法来推翻其他学派的观点，同时又不背离其自身学派的本源。这些本源的性质也意味着，对它们在任何情况下都有可能存在一些不同的解读，通常是由于对起源的记录过于简要和/或隐含，这就需要一位专家或师长将其完整的含义阐释给学生。以建立在《奥义书》注经文本基础上的学派为例，有时由于其文本材料过于宽泛，不同的处理方法和关注点均会造成整体理解上的巨大差异。只要是能够简明而准确地表现出某一传统主要分支的关键特征的内容，都包含在内。若需要大量地了解具体详尽的发展史，则建议读者查阅更全面的著作。

注经是对经文材料的解读。不同的注释会对同一经文作出不同的解读。换言之，不同的注释可从相同的经文或段落中提炼出不同的含义，这就为从同一个核心源头有时会引发出完全不同的含意提供了可能。

本书所关注的首先是对印度宗教—哲学传统的成形阶段，即公元前 5 世纪的叙述，其次是当时占据主导地位的观念和实践的主要特征。书中探讨了为何一些问题对某个特定的思想学派至为关键，这就提供了语境的背景，有助于人们了解不同学派关注不同事物的方式及/或为何这些学派对一些共同因素虽持有不同见解却有着同等关切。这为理解论辩如何以及为何对之后该传统走向兴盛繁荣的方式起到关键作用作了铺垫。我们还将了解到论辩术的目的、争议的要点、方法论标准的确立以及论辩对各个传统的重要性。

在接下来的讨论中将按时间顺序逐一介绍具有代表性的观念，以便读者能在相关语境中理解其发展。书中较为详细提及的最早的传统及思想学派是吠陀的献祭体系，其观念与实践在早期的《奥义书》中均有记录。这些不仅与所谓的古印度婆罗门教有异曲同工之妙，而且为其后一些哲学思想学派的形成提供了最初的源头资料，并为创立哲学论辩基本原理的必要性提供了理由。另外，正是为了对抗占据统治地位的正统思想，该传统在很早的时候便基于其他教派所作的回应建立起来，并提出了相对的观点和教理。后者之中值得一提的是生活于公元前5世纪、享年八十岁的佛陀。由于当今在印度几乎没有佛教，在印度宗教传统被称为“印度教”的时期也同样如此，所以佛教在整个印度宗教哲学传统中扮演着并不起眼的角色。但在佛陀去世后的一千多年间，佛教却在印度蓬勃发展，并从一开始就在挑战其他学派观点及促进百家争鸣方面发挥了极其重要且深具影响力的作用。同样，其观点也招致其他学派的强烈批驳。相关章节不仅涉及了早期的佛教及佛教观点的提出，还论述了其后几百年间佛教思想更具经院色彩和/或哲学色彩的系统发展。

随着时间的推移，许多思想学派逐步明显趋于系统化，它们的起源与共生体系均与婆罗门教的吠陀—奥义传统以某种方式直接相关。它们中有六个脱颖而出，并逐渐被称为印度教六大经典诸见。通常它们被称为六大“印度教”诸见，虽然，由于印度教一词已不合时宜本书将不再使用，但此词的确可以将各诸见与佛教以及其他没有直接谱系关系的传统（如耆那教）区别开来。佛教和耆那教之所以能自立门户成为不同的教派传统，正在于其完全彻底地摒弃了婆罗门教的权威和教理以及婆罗门教自封的源头地位。相反，六大经典诸见的开创者尽管在参与论战的过程中有时会提炼出明显不同的教理和观点，但他们仍然认可婆罗门教的权威，因此仍属于婆罗门教的范畴。

本体论

本体论关注的是存在问题，即探究存在何物。这是对从微观到宇宙万物任何层面上“存在何物”这一问题的解答。然而探究本体（存在何物？）问题时，关键是确定本体的“存在地位”，这被称为“本体地位”。譬如，一个人可以轻易地将梦见的一个公园和经常前往购物的超市二者视作不同的存在——其本体地位是不同的。同样地，在海市蜃楼中看见的绿洲与通过地图实际找寻到的绿洲也有着不同的本体地位。任何存在之物都有本体地位。这无须直接显现：在梦中出现的公园或在海市蜃楼中看见的绿洲似与超市或地图指引的绿洲地位相同，但实际上它们的本体地位是不同的，这种不同可以通过实在性来理解。超市比梦中的公园“更加实在”；而地图指引的绿洲又比海市蜃楼“更加实在”。但是梦中的公园和海市蜃楼都存在一定的实在性或地位：它们在经历时“看似真实”，只有过后才会意识到与其他经历相比它们“不够真实”。在世界观或哲学体系的语境中，本体论即是其所说的真实存在——即便我们无法立刻洞悉，它独立于我们任何可能的类似梦境或海市蜃楼的错误理解之外。长久以来无论是东方还是西方，都出现了形形色色的本体论。一些观点认为我们所见之物即为真实存在；而另一些则认为正常的清醒状态与睡梦状态是相似的，而真正的存在与虚幻又是不同的。

本书将分别论述这六大经典诸见，包括正理派、胜论派、数论派、瑜伽派、弥曼差派、吠檀多派。传统上，这六大诸见被归为三组，每组各派具备相容且类似的重要特征：正理派和胜论派信奉一种本体论（参见第 15 页的加框内容），这种本体论由胜论派提出，而正理派的方法与之相一致；瑜伽派和数论派在很大程度上信奉同一种本体论，前者的方法也是与之相容的；弥曼差派和吠檀多派则对相同文集的不同部分采用同一种注释法，且二者都将文集置于同等重要的地位。本书将遵循传统的分类，用不同的章节分别阐述各组。然而，在依照相应的时间脉络来叙述的章节中，也插入了对其他教派的重要阶段的描述，以便加深对不同思想学派间的互动发展的理解。

第二章

婆罗门起源

祭祀、思索宇宙、同一性

公元前 5 世纪初：通过观察当时印度北部婆罗门僧侣们形成的观念和实践，我们将从这里开始对印度哲学思想展开讨论。从这个恰当的角度开始有几个原因。第一，此时在印度北部婆罗门传统处于强势，并且仍是对国家的社会宗教结构拥有持久操控权的唯一传统。不论其他传统的观念和实践在某些时候如何具有影响，始终控制着规范的标准的仍是婆罗门传统。第二，到公元前 5 世纪初，在婆罗门传统中并存着两支彼此不同的流派，且我们确知这两个流派都能够将其重要的特征和观念突显出来。第三，或许对我们的目的来说也是最重要的一点，从对这两个流派的讨论中，我们能够更清楚看出他们如何共同协作从而促进了日后质疑、辩论和试图反驳其他思想流派的盛行。为了说明以上要点，我们还将考察这两支流派如何从早期传统中逐步形成。

祭祀

公元前 5 世纪左右的婆罗门人是雅利安人的后代。几个世纪以前，雅利安人带着自身的传统和习俗从欧亚大陆的中部来到印度西北部定居。很长一段时间内，他们奉行着遵从祭祀和

年代表

约公元前 2000—公元前 1500 年：建立在仪式活动基础上的吠陀献祭传统被雅利安人带到了印度西北部。该传统被婆罗门的僧侣们保留和执行着。

约公元前 800—公元前 500 年：在早期《奥义书》的教义记录里，提到了知识是最为重要的；婆罗门传统也信奉这些教义。

公元前 500 年前：婆罗门传统中崇礼派与灵智派两教派分支并存。

基于仪式的宗教，其中很多神圣的细节都被小心地记录、保存在仪式"手册"中。那时书写还不为他们所知，属于不同宗族、为仪式作出各自贡献的婆罗门僧侣们有责任把与其有关的特定仪式活动日程的材料以口头方式留存下来。他们非常严格地履行这项义务，因为只有做到准确，祭祀的效果才可信赖。各种各样的记忆方式日趋完善，从现今我们可以掌握的证据来看，其准确性很可能已达到了相当高的程度。

尽管吠陀祭祀仪式的举行现在被看作是一种宗教活动，但它主要还是出于现世的考虑。也就是说，祭祀的主要目的是为了使宇宙现状维持在其最佳水平上。祭祀的主要对象是宇宙中自然秩序的各个方面，如太阳、雨、闪电和风等等，以及诸如契约和誓言之类的一些抽象原则。祭祀的对象被统称为提婆。祭祀有个基本原则：如果人们正确地举行了祭祀仪式，提婆将会以一种极为仁慈的方式发挥其在宇宙中的作用来回报众生。因此宇宙秩序，也就是后来我们所知的"达摩"法，被一直保留下来。举行这些献祭活动的必要性在仪式手册中已经明示给婆雅利安人的**祭祀仪式**是由一群专门的人(婆罗门的僧侣们)来主持的,他们在仪式中代表着有权利和义务去雇佣他们的雅利安人。祭祀在一个特别选定的地方举行,围绕着一个中心火源。伴随着说话、诵经和低语发出的言词与声音,人们把一些装有煮熟的谷物或油等的特殊器皿作为祭品投入火中。从对场地的测量到应该供奉什么物品以及举行仪式可使用的话语,祭祀的方方面面在仪式的手册里都有描述。

罗门的众人。这些组成了《吠陀经》主体的早期部分,因而它们也可被称作吠陀仪式手册,保存下来的祭祀宗教有时也被称为吠陀献祭宗教。

词语“吠陀”的意思是“知识”。它指这样一种信念,即约公元前 5 世纪时婆罗门的先辈们已知晓或“见到”《吠陀经》中蕴涵的真理(这就是他们被称为先知的缘故)。这种理解完全不是出于启示或具体授予真理,而是出于客观永恒的并非源于人类的宇宙真理。这些先知们仅仅是把已记载下来的东西传授给后代。因此,吠陀祭祀经文的地位是首要的。任何通过这些主体材料明示给人们的都被看作自动生效——一定要去做,因为它是必定要做的:这已是永恒真理的一个部分。因此,人们为了保证有效性便加强了对准确性的关注,他们认为每一种仪式活动的正确履行已构成宇宙义务的一个组成部分。

在仪式中除了所做的体态动作之外,仪式手册中还规定了各种祷词和声语,并且这些可被统称为惯语的东西必须在祭祀活动中以说、念或是唱的方式表现出来。身体动作和声语都对祭祀的结果起到促进作用:这两者都是重要的“行动”或业。构

图 1 吠陀祭祀仪式中所用的器皿

图 2　吠陀祭祀仪式在当今仍被履行着，与古时候相比几乎没有变化

梵语

saṃskṛt（梵文）这个词有一个表声音的词根“kṛ”，它与karma（业）一词同根。前缀“saṃs”使这个词语带有“形式良好”或“结构良好”的含义。这暗示了梵文词语的正确发音与其所指称的宇宙之意之间的相互关联。

成惯语的语言是梵语，因此语言更多地被看做是一种神圣的极具说服力的工具，而不仅是一种沟通的方式。事实上，它被看作是以声音的方式来体现对宇宙的感受。

由于吠陀材料和梵语语言二者的地位和能量，关于它们的知识一直被婆罗门祭司们牢牢地守护于团体内部。他们可能曾以这类材料需要保护为由一直设法使这种独占性名正言顺，但这同时也把祭司本身推向了当时社会最高权威的位置，而且社会本身也以某种方式进行组织来维持这种权威。现在所说的印度种姓制度的起源就被记载在吠陀仪式手册中，在该制度中人们是按照对仪式的虔诚度来划分等级的，最虔诚的婆罗门被划入最上层。他们的虔诚不仅赋予他们地位，而且还使他们能够将神圣的行为和献祭中的语言牢固、有效地联系起来。

因此，吠陀献祭宗教的主要特征是：以身体和声音方面的仪式行为为基础；其准确度对保证祭祀的有效性至关重要；完全由婆罗门的祭司们传承和掌控。仪式活动的履行是为了维持宇宙的延续，人们相信各种身体和声音方面的祭祀行为都与其相应的作用息息相关。

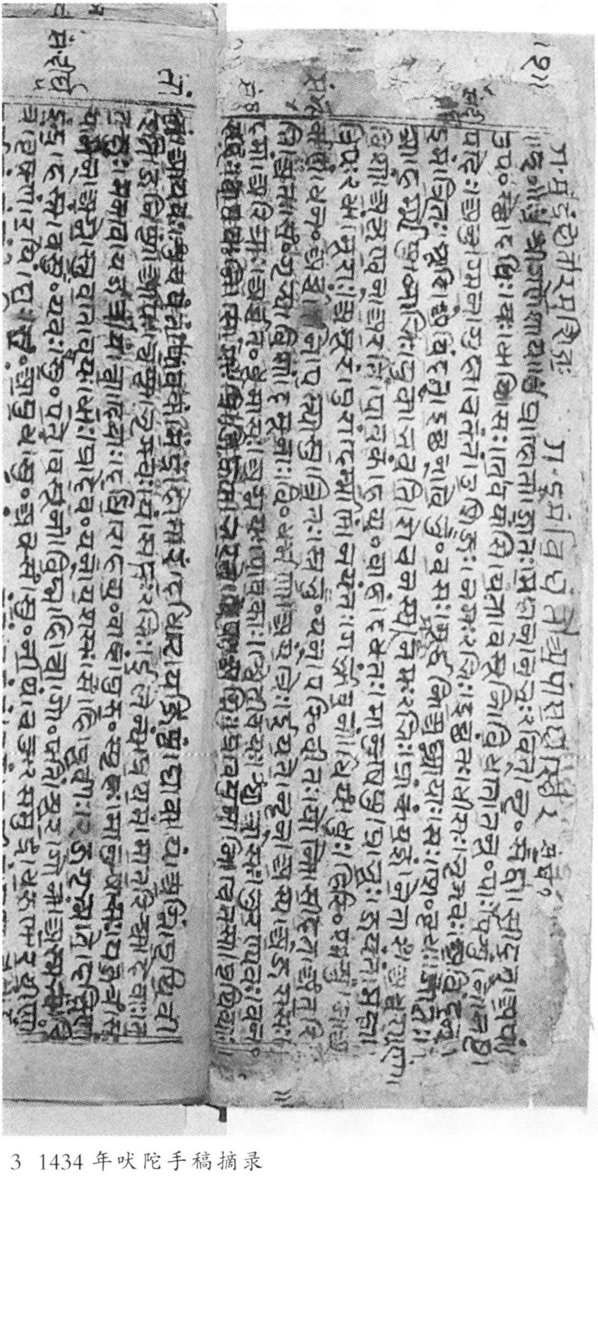

图 3 1434 年吠陀手稿摘录

思索宇宙

虽然该体系在很大程度上是现世的，但据很多《吠陀经》经文记载，某些古代的仪式专家们同时也善于思索宇宙的本质，这种本质是他们一直试图证明的。他们认识到献祭所祈祷的天神（提婆）在宇宙中所起的作用只局限于某些特定地域和专门的角色，他们也在思索是否还存在一个更伟大的能者，关于宇宙本身的起源他们也想知道更多。一切是如何开始的？是谁或是什么（假如有这样的人或物存在）创造了这些？它是始于一个金黄色的胚胎吗？它是由一个天上的建筑师建成的吗？它是从一次宇宙祭祀中出现的吗？话语又扮演怎样一个角色（即神圣语言的声音）？万物的生气都来自于气吗？或万物都始于时间吗？那之前有什么？还有或许最重要的是：谁知晓这一切？

这种古代的思索就其广度和深度而言都是非比寻常的，这说明了祭祀者们对于他们所做的事情及其性质的分析和思考已达到了相当的程度。我们没有证据证明这种思索对仪式本身产生了影响，事实上这也是不可能的，因为仪式都被十分精确地规范化了。但是不断的质疑还是有可能对随后的观念与宗教活动为婆罗门传统所接纳起到了促进作用。伴随着许多外在、可见宗教礼仪的不断实行，据《吠陀经》经文记载，某些人开始退却进而从更深的层次去思考祭祀的本质。最后，他们中的一部分人逐渐认识到通过集中思想和形象化的方式可以实现祭祀的“内在化”。

作为吠陀主体经文的《梵书》和《森林书》（见下一表框）记录了这种潮流的渐进式发展，但是，正是在《奥义书》的教义中人们发现了最能代表其发展鼎盛时期状况的经文。《奥义书》组那时候既没有非存在物也没有存在物，地无界天无边。什么扰乱了这一切？在哪儿？又在谁的保护之中？难道水真的深不见底吗？

那时无所谓死亡也无所谓永生，黑夜同白天一样没有明显的区别特征。凭自己的本能平稳地呼吸，除此之外再无他物。

开始时，天地间一片混沌；没有明显界限，宇宙是一片汪洋。被虚无所覆盖的生命力由于热能的缘故开始苏醒。

谁真正地知晓？谁又在此宣告？一切从何而来？又因何而生？在宇宙创造之后提婆随之诞生，那么谁又知道它为何出现？

这个造物是如何产生的——或许它创造了自身，或许它没有这样做——在最高天俯视的那一位，只有他知道——或者他也不清楚。

（《吠陀经》第10卷第129页，节选自《吠陀经：文集》。弗莱赫蒂·温迪·奥丹尼格编译，哈蒙德沃斯：企鹅出版社1981年版）

《吠陀经》的年代尚不能确定，但普遍认为它要远远早于公元前5世纪——或许早至公元前1500年。

成了吠陀教规的最后部分——也被称作"《吠陀经》的尾声"，它们的内容作为仪式材料被归入同一个婆罗门宗族。

《奥义书》包含了大量关于举行祭祀仪式的本质、目的及其必要性方面的内容，令人沉思、给人启示。但是，使其能够同其他早期婆罗门经文区分开来的是，它还包括了一些促使人们探索理解人类自身本质的教义和思想，这些教义和思想都是遵循仪式基本原则的。此外，它们所要探索的知识都是主观、深奥的吠陀的材料被不同的婆罗门宗族保存。四种分支的**仪式手册**被不同派别的婆罗门僧侣们使用，而且随着时间的推移由《**梵书**》、《**森林书**》以及（最后由）《**奥义书**》所补充。

四种分支仪式：

梨俱（赞诵） 娑摩（歌咏） 耶柔（祭祀） 阿闼婆（祈禳）

《梵书》和《森林书》的经文被融合到这些宗族之中，其中还包含了关于祭祀和“祭祀内在化”之本质的一些观念。

早期材料中《奥义书》的附录：

扣西塔奎奥义书 唱赞奥义书 推提利耶梵书 蒙查羯奥义书

由谁奥义书 广林奥义书 帕士那奥义书

卡塔奥义书

伊沙奥义书

水塔刷塔尔奥义书

内在“精神”知识——而非有关祭祀仪式的外在知识。这标志着先前的以宇宙为中心来思索的传统已转向了更多地以人为中心来思索，或者将个人置于早期纯仪式盛行年代更广袤的宇宙图景中，关注更具体的内容。在早期《奥义书》中人们首次了解到这样的想法，即人类是在其前世行为所造就的环境中不断地轮回再生的。他们声称，尽责而又正确地举行祭祀活动不但会对祭祀对象产生影响，而且还将会对一个人来世的生存状况产生有益的作用。这就是业（行动）的法则，这一法则不仅对于仪式，而且对人类经验都是适用的。

然而，渴求的最重要的一点是要对个人自身或灵魂本质获得深入的洞悉，这个自身或灵魂梵语中称为真我（*ātman*）。《奥义书》宣称个人和宇宙是一体的，并一再地表明个人的真我与其所生存的环境是不可分割的。一个有名的论断是："你就是（所有）那些。"（《唱赞奥义书》6.8 及其后）获得关于这种认同的经验方面的洞察是值得努力的，因为这种知识能够使人从不断的轮回中获得解脱（梵语为 *moksa*）。这一教义第一次把救赎的观念带到了婆罗门传统中。随着祭祀传统一直被实施到当今，人们把解脱当成了人类生存的最高目标。从完全积极的意义上来看，解脱使得人们避开轮回的乏味并体验到不朽："能够看到这一点的人（再也）不会经历死亡、病痛或悲伤。"（《唱赞奥义书》7.26.2）

同一性

从普遍性而不是特殊性的角度来看，自我和宇宙同一这一教义也响应了关于宇宙本质的早期推测。在早期的《奥义书》里面，"宇宙"一词采用的是一个中性的名称 *Brahman*（不要和其阳性写法 *Brahmā* 混淆，后者是古代传统中一位重要天神的名称）。Brahman 代表一种客观的绝对，也可以被称为**同一性**或**存在**。在一个重要的章节中，一位父亲教导儿子时说道：

> 起初，这个世界只是**存在**——独一无二的存在。确实有人说："开始这个世界仅是非存在，独一而无二；从非存在中产生了**存在**。但这是如何变为可能的呢？存在是怎样从非**存在**中产生的？相反，这个世界起初仅是存在——独

一而无二。

(《唱赞奥义书》6.2.1—2)

本体论术语**一元论**所指的就是宇宙是**唯一**的这一教义。这意味着宇宙中只有一个存在物,除此之外别无他物,所以无论什么存在最终都是同一事物,即便它没有呈现给我们这种情景:我们不必非要看到它才相信其真实存在。一元论是个数字概念而不是一个质量概念。要了解同一性的性质和特征——如果有的话——还需要其他的资料。

一元论也不是一个有神论术语,不能和**一神论**混淆。一神论指的是只有一个神,但没有告诉我们在其本身之外的任何其他内容。它并没有说明只有唯一。如果宇宙是一元的,那么在那一元性之中就有可能存在被视为神的某物——或者,事实上,有多神存在——但这都不会如经验世界明显的多样性那样与潜在的同一性有联系。

早期的《奥义书》中充满了阐明同一性之含义的论述:"正是通过看、听、反思和集中注意力于个人的真我,整个世界才得以被认知。"(《广林奥义书》2.4.5)"真我存在于下、上、东、西、南、北;真我实际上就是整个世界。"(《唱赞奥义书》7.25.2)"真我就是梵"的说法直截了当又毫不含糊地把真我同宇宙同一起来,最终不是二而是一。

如上所述,对于真我和宇宙同一性的关注,说明了《奥义书》中所包含的教义可以被看作是对祭祀进行内化的极点。由针对外部世界进行的外在、可见的祭祀仪式径直转向了对世界内在的理解。《奥义书》中还坚持祭祀仪式的传统,因为其中没有任何一处表明应该放弃举行这些仪式。相反,他们强调必须要举行仪式,而且还强调所举行的仪式是在纯正性仪式基础上按照社会的等级结构来进行的。由此,仪式和《奥义书》的教义得以相互并存于婆罗门传统中。吠陀仪式手册和《奥义书》所记载的主要情况大致相似,这表现在两者都被视为包含着关于真理的教义。

然而人们也很快看到,该传统的两个分支无论采用何种方式都潜在地存在着一些相互分裂或具有内在分歧的问题和观点。《奥义书》不仅如上所述把关注的焦点从现世对仪式的遵从转向对于个人命运和本质的思考,而且还把对深奥知识的获得看作比履行仪式活动更有意义和目的性。再者,或许是更重要的一点,吠陀对仪式的履行和奥义派对于知识的求索都是以他们对有关现实本质的不同理解为基础的。《奥义书》明确表示,那些重要的仪式只能以这样一个世界观为前提,即认定纷繁世界是超越现实的:事实上,仪式的目的就是维护这样一个纷繁世界。但是这种纷繁,如《奥义书》所示,仅仅是一种经验(或常规)的现实,而且只有关于世界深层同一性之更广阔现实的知识才能达到更高目标:

> 这里根本就没有多样性。人们感觉到的多样性存在,只是从死亡走向死亡。人们一定视其为唯一……只有了解这唯一,一个智慧的婆罗门人才能够从自我中获得洞悉。”
>
> (《广林奥义书》4.4.19)

那些宣称我们周围世界具有确切无疑的多样化的人实际上是**多元论者**。与这种本体论相关的其他术语还有**多元现实主义**和**超验现实主义**。也就是说我们所见之物——经验世界的多样性——本身是真实的，超越(或“外在于”)与人类感知相关的一切。

那些宣称经验现实的多样化从超验角度来看并不真实的人(包括那些宣称现实就是唯一的人)，他们不否认经验现实存在，相反，他们所表明的是一种区别于我们日常表面所见的更高程度的现实——绝对现实。经验现实在此情况下只是“传统”意义上的。

在公元前5世纪早期的几十年间，这两支派别并没有表现出互相争论或由于世界观不相容而互争高低的情况。但正如我们将在以下章节所见，这种情况很快发生变化。在这个世纪人们看到了佛教与其他教派对建立在《奥义书》基础上的婆罗门教教义提出的挑战，并且很快，祭祀专家们为捍卫他们的现实世界观也必须去反对那些试图反驳或奚落祭祀之意义的人。为了做到这些，他们必须身体力行地去反驳关于经验世界中常规状况的任何观念，比如《奥义书》和其他典籍中所提到的那些。这也意味着婆罗门传统不但要与来自外部的批评作斗争，而且它还越来越受困于基于两派史料的不同起源而形成的内部分歧。

之后，那些先前对于同一传统中并存的两派的合法性并不存疑的人，也试图探寻克服他们相互之间不和谐之处的方法，指出人在一生中结婚和生子都有举行仪式的义务。这就是说，不但要保证和维持这个依赖于仪式的世界，而且还要不断地繁衍后代，因为婆罗门主导的社会结构还要依靠他们来延续。一旦这一时期过去，他们的注意力将会再集中到寻求解脱的知识上来。时至今日，那些首要关注宗教惯例而不是哲学辩论的人把这看做是婆罗门的正统学说，这一学说承认整个吠陀的首要地位。

随着更具哲学性和争辩性的论辩的进一步发展，各种传统的思想家们都被牵涉进来，但是在早期材料的直系宗族中有两支教派——弥曼差派和吠檀多派分别将他们不同的教义和世界观建立在对吠陀仪式史料和《奥义书》的解释上。这两种史料是公元前 5 世纪早期婆罗门传统中所并存的崇礼派和灵智派的建立基础，后来逐渐被其挑战者、调解者及注释者们理解为吠陀的“实践派”（*karma*–*kānda*）和“理论派”（*jñāna*–*kānda*）。

第三章

远离尘世

佛陀的中道

隐修者与在家修行者

婆罗门等级像恪守祭祀仪式那样捍卫着他们的宗教特权和等级观念，这使得很多人觉得其生活前景始终在婆罗门等级的压迫和束缚下。他们于是就在社会和宗教的道路之间选择其一，逐渐被统称为隐修者（即巴利语 *śramana*，也称沙门）。他们反对一切与婆罗门祭司的权威以及说教有关的事物。不过，人们更倾向于将他们作为与“在家修行者”对立的一方看待，因为在家修行者的地位是婆罗门等级为了延续传统所设定的。在家修行者不仅有责任参加祭祀，还要进行经济生产，繁衍后代，保证血统的纯正。与其相对，隐修者却四方游历，各处化缘，坚守独身与禁欲。他们中间有些人会因为接受和认同某一首领所奉行的教义和见解而形成小团体，但多数人仍坚持独立孤行。还有许多隐修者奉行严苛的苦修，让自己承受极端的寒冷、饥饿、干渴、痛苦的肉体折磨以及其他各种克己的磨炼。这般苦行生活对他们隐修者来说目的是明确的，他们认为通过这样非常规的方式集中思想可以达到精神上的觉悟。

我们无法确知在公元前 5 世纪以前的北印度，那个婆罗门教世界观占主导地位的环境里，隐修者何时以及怎样成为社会

年代表

约公元前2000年—：吠陀祭祀传统。

约公元前800—公元前500年：早期《奥义书》。

公元前500年前：婆罗门传统中崇礼派与灵智派两教派分支并存。

公元前5世纪社会背景：与婆罗门教的在家修行者相对的是隐修者——游方僧、托钵僧、禁欲的行者，他们都探寻着关于世界和自我的真理。隐修者反对婆罗门教的所有教规。

约公元前485—公元前405年：佛陀在世。据佛教典籍记载，佛陀反对婆罗门的教规、教义及其权威，但同时他在隐修者的教义中也未发现令其满意的解脱之道。正是基于个人顿悟性的思索，他提出了介于出家修行与居家修行二者之间的**中道**。

生活一个显要的组成部分。20世纪，印度河河谷流域一个未知的上古文明的发掘工作，证实了远在雅利安人到来之前这里已经存在一个繁荣的本土文明。或许隐修者就是这种本土传统的继承者，也就是说，隐修者所选择的道路与其所奉行的教规可能并非源于雅利安人的传统。但是无论属于何种起源，情况可能是：当婆罗门信徒中某些人试图将祭祀仪式的目的与程序变成自己内在思想的一部分时，他们也在试图规避某一既定社会结构中有关教徒的种种束缚。情况也可能是这样：他们试图将祭祀内化的倾向，其本身也许是由接触本土惯例所激发的。

我们所确切知道的并可用各种资料互相印证的是，直到婆罗门传统接纳《奥义书》中所记载的新教义的时候，当时存在着众多的逍遥派僧人，他们有相当数量的人在独自探索他们个人对宗教哲学问题的解答。这些问题本身在很多方面都与吠陀中的思辨性内容和《奥义书》中所提到的观点有所关联。这也就是说，隐修者们并不是在寻求另外一套真理，他们只是以自己的方式而非婆罗门所倡导的方式来寻找答案。事实上，所有这些隐修者都是想通过对“自我”本质的发现，来完成对世界本质和人类本性的认识。

自我之本性

我们的原始资料表明，当时印度存在着各种各样的有关自我和世界之本质的理论，其侧重点各不相同，或强调其中之一，或两者并重。一部早期佛经中关于自我列举的问题就有下面这些：

> 前世有我？前世无我？前世我是谁？前世我如何？如果有前世，那么我的前世是什么？我有来世吗？我的来世又如何？如果有来世，那我的来世又是什么？我是我？我非我？我是谁？我是什么样？我何所为而来？我又何所为而去？

随后即给出推论性的答案：

> 我有自我，我无自我。我通过自我感觉真我，我通过自我感觉无我。我通过无我感觉自我。这个自我在讲话、在感觉，时而于此体验善行的甜果，时而于彼饱尝恶行的

图4 摩亨佐·达罗遗址一瞥

苦果，这个自我是永久的，稳定的，永恒的，不变的，始终如一。

（《阿含经》中部 I，8）

对自我和世界问题的思索有如此之多，以至于各种可能的思考被汇集成佛经中的一种表述：

此世永恒否？此世有限否？自我与肉体是一还是异？证得大觉的圣者死后，是既存在又不存在？是非存在亦非不存在？

（《阿含经》相应部 II，223，释义）

从以上及其他一些概览性的资料中，我们可以归纳出大体的思想趋向。一些人持坚定唯物论的观点，他们认为人是有限的宇宙和短暂现世世界里的肉体存在。另一些人则认为，在人的生命中也可能存在某种与肉体相关联的非物质的自我精神，只不过一旦肉体死亡，精神便随之永远地消失。持这种观点的人在早期佛经中被称作灵魂寂灭论者，即认为死亡意味着自我精神的“寂灭”。但无论是灵魂寂灭论者还是坚定的唯物论者都未能洞悉认真对待以下观点的重要性，即因果业报的宿命法则掌控着人类。不过，许多（或者说是大多数）隐修者则把自己置身于一系列的生命体验中去诠释他们的理解。与婆罗门教徒一样，他们中的有些人认为自我精神是永恒不变的，这些人又被佛教徒称作灵魂不灭论者。当然还有一些人不承认灵魂不灭，但他们确信生命存在着某种延续性。然而，所有这些人都认为现世的所为会影响来世，而且还相信寻求这些问题答案的全部意义在于，这种关于自我的本质与本体环境的具体认知都会对从转世中解脱产生影响。正因如此，寻求问题答案才显得如此重要，也正是这类问题才使他们孜孜以求。

掌握上面这一点很重要，它是我们所试图理解的那个时代的一个关键性内容。如果换一个稍微不同的角度来思考，我们复原出来的印度社会环境的图景可能会更加清晰。总的来说，我们看到的是这样一个图景：人们的生活方式和关注点与他们各自的世界观直接相关。

一方面，一部分人仍承袭古老的吠陀教献祭中的婆罗门传统，其祭祀仪式的履行与宇宙秩序的维持有着直接的联系。这种宇宙即使不完全是经验性的，也可以肯定是多样而且真实的。之所以对祭祀仪式的精确与否极为关注，是因为今世祭祀的所为与来世的果是相关联的。虽然在当时，婆罗门教这一古老传统与以《奥义书》和苦修学说为代表的其他新兴学说相比显得渐失活力，但它却已经成为当时社会正统思想的代表者，它所建立的社会准则一直影响到现代。不管其他的一些替代思想如何声称自己是至高无上的，婆罗门教的存在和影响都不能被轻易地抹去。

其他的教派如唯物论者和灵魂寂灭论者，都坚持认为只应关注此时此地的世界。他们把捍卫立场作为自己的首要任务，反对研习仪式者和非唯物论者的言说，斥之为谬论，并嘲讽其惯例。

与上述派别相对的另一派别则认为，生命受业报轮回支配，死而复生，生而复死，世界远不是其表象所显现的那样。他们所关注的是认识世界在现实中的确切构成和众生在其中的位置，这不仅使他们得以崇高地宣称自己在探求形而上的真理，也为他们了解摆脱转世轮回之苦的途径提供了存在意义上的必要性。若想达到脱离因果业报的最高理想，他们首先要认识自我的本性。因此，他们斩断尘缘出家修行就是要认识自我。

乔达摩——佛陀

公元前 485 年前后，一个名为乔达摩·悉达多的人出生，他就是后世所称的佛陀。“佛陀”本意是“觉醒”，隐喻佛陀**觉悟**的那一刻。佛经中将佛陀的觉悟描述成洞见真理（又称三觉圆满），其过程可以理解为类似于人沉睡初醒的那一刻。这一点使我们将注意力转向佛教徒的修行过程，也就是从无知到有知，这一点与婆罗门的奥义派、许多苦行僧的观点有共同之处。无知（无明）是滋养生死轮回的主要土壤；人生短暂，却被无尽的烦恼纠缠。要摆脱转世轮回就必须摆脱无知（无明）。正是因为这些传统中早期的传教者声称已经掌握了关于宇宙人生的真知，此后才出现了如此丰富、各种各样的形而上学理论。

尽管根据佛教教义和圣徒传记叙事文学改编的流行读物随处可见，我们却没有佛陀早年生平的确凿证据，只知道他出生于迦毗罗卫城（今尼泊尔境内），其家庭很可能是一个王贵世家。经书记载他三十岁光景时出家，去寻求关于众生命运之本质的答案：众生为何此般存在？为什么人生难逃疾病、衰老与死亡？这一切都不可避免吗？能够有所改变吗？人确实能避开这种境遇吗？

无论佛陀出家前是否已经对前文叙述的教义有所了解（我们也无从得知），早期的佛经告诉我们，佛陀一踏上寻道之路，就遇到了很多持不同见解的人。事实上，除耆那教经书外，早期的佛经是我们获取关于那一时代各种思想的最重要的信息来源。在求解人生大问题的过程中，佛陀很乐于和志趣相投的僧人交往，学习他们认为与人生境遇及其改变有关的知识。佛陀似乎花了好几年的时间专门听别人传道、向别人学习、检验别人的理论，在各种规则、惯例中仿效他们。但最终佛陀发现别人的理论都不符合他寻求的解脱之道，于是最后决定采用自己的方式寻求对人世更为深刻的理解。

运用一种深刻的冥思，即后来传道中讲的“禅定”，佛陀声称洞悉了三界因果，发现了众生本相以及众生之所以如此的原因。他还声称通过洞悉三界因果，已从无尽轮回中解脱出来。首先，他能看到自己的诸多前世，以及各世的业如何影响下一世的情势：也就是说，他能够看到自己的轮回转世。其次，根据因果业报，他看到了其他生命如何轮回转世。因此，佛陀所宣扬的轮回说和因果业报说不是简单地接受当时流行的世界观，而是基于自己的亲身体验。最后，他悟出了如何从内心和观念中根除那些使自己深深受制于俗世因果轮回的因素：欲爱、贪恋生、对现实本质的无明和虚妄我见。

根据经文（见上面方框内容），在解释第三条觉悟之前，佛陀用一个四重表述来概括他的所见：（1）人的生存具有某种内在的本质特征；（2）特定的因滋生转世轮回；（3）停止转世轮回是可能的；（4）存有终止轮回的途径。如果想从转世轮回的羁缚中解脱，必须洞察、领悟人生情势的关键性问题。此教义是佛法的基础内容，佛陀在瓦拉纳西的鹿野苑首次传道于他人讲的就是这一内容，即四圣谛。

四圣谛

四圣谛的关系简单清晰：X 是 Y 的果，Y 灭亡则 X 随之灭

图5 禅定中的僧人

佛陀的觉悟

“我心智专注、澄明、纯净，内心无忧，身体轻柔，心性集中，努力思索如何根除‘轮回之势’。我明白生死轮回是人生第一谛，知晓轮回如何开始、轮回可以终止并如何终止。我知道万物因轮回而缘起，我看到他们的发生，他们的终止，以及终止的方式。由此所见所悉，我的心灵从俗世的欲爱中解脱出来，获得自由；我的心灵从不断追求欲爱的束缚中解脱出来，获得自由；我的心灵从虚妄我见中解脱出来，获得自由，我的心灵从无明之境解放出来。我肯定我已脱离轮回重生之苦。我做我之所需，做我之必需，我不再有轮回生死。”

（《毗奈耶经》III，4，释义）

（另见《阿含经》中部 I，23，《阿含经》增支部 II，211；IV，179。）

亡，这里 X 指众生的本相。用概念性的语言来表达四圣谛并不容易，一方面是因为四圣谛有很深的隐义，另一方面则是因为第一圣谛中定义众生本相的巴利语词汇 *dukkha* 的含义十分模糊。*dukkha* 以前常被译为“痛苦”、“疼痛”、“病痛”，但是现在人们广泛地意识到这样的翻译给佛陀的人生观错误地附加了令人难以接受的消极色彩。或许“不圆满”是更贴切的翻译，“不圆满”在概念上将 *dukkha* 这个词与佛陀的诸法无常这一说法联系起来。佛陀的观点和当时奥义派的观点是截然对立的，后者认为宇宙尽管有着明显的多样性，但仍然是一个永恒不变的实体性唯一存在，人可以洞悉其本质。佛陀认为诸行无常，因为诸行无常，生命才最终不能圆满（甚至善行和善果也不能持久），

图6 佛陀传道像

因而这和奥义派所说的人能够达到极乐世界和永生是相对立的。四圣谛被认为解答了为什么生命短暂带来的不圆满是轮回众生的根本特征。人不愿接受人生短暂的事实,因而不断欲求诸事——青春、健康、爱情、财富等等——获得永恒。人的欲求注定得不到满足,所以才有不圆满状态的无止无休。在重申第二圣谛时,佛教指出,正是欲爱和功利心推动因果报应这一循环往复的过程。

佛陀的教诲

四圣谛

人生本质必定是不圆满。

不圆满由欲(消极与积极)而来。

有脱离一切不圆满之境地,名涅槃。

达到涅槃之法为按照八正道修行。

(《阿含经》相应部 V, 420,释义)

“涅槃”原意为“火被吹灭”,这里指因果业报的终止。

缘起

“我所传授的是缘起, 诸法皆由因缘而起; 缘起是万物之常,乃唯一恒法。”

(《阿含经》相应部 II, 25)

此有故彼有;

此起故彼起;

此无故彼无；

此灭故彼灭。

（《阿含经》中部 III，63，样例）

存在的三个特征：

诸行无常。

诸行皆苦。

诸法无我。

（《法句经》，277-279，样例）

我们所接触的早期佛教的重要教义采取了模式化的语言形式，这说明早期的佛教卫道者用诵经这种口头记忆方式将佛教传统传于后人，直到约公元前 40 年才得以用文字形式记述下来。

人无休止地欲求得不到的事物是因为人们对世界实相的本质无明。事实上，处于诸世循环中的一切事物都受另外一些事物的限定。佛陀在他的另外一个重要教谕中说明了这一点。依佛陀的说法，万物存在都有“缘起的关系”，即所谓的“法”和“常”。这一法则适用于世间一切事物——无论是物质的还是精神的，肉体的还是观念的，具体的还是抽象的，感官的还是非感官的——万物都是相对的存在，无一例外。其实这也就是万物不能永恒存在的根源。

缘起

缘起是一种深奥的基本教义。缘起不是指万物不存在，而是指万物存在的方式有别于“存在”和“不存在”。存在意味着

"独立完整",不存在则意味着"未发生"。佛陀的"缘起"说("相对的存在")是取其中间道路,即介于"存在"、"不存在"、"存在又非存在"和"既非存在又非不存在"之间。我们上面已经看到的这一反逻辑表述,正是被用来吸纳和反对其他宗教派别在所采取的形而上学立场方面可能发生的一切变动。

佛陀的"中道"

佛陀说，他的道是介于在家修行者和隐修者之间的中道,明显地表现在三个方面:

1. 佛教僧侣团体既不完全赞同也不完全反对社会等级制度,僧侣的生活既与社会分离,又与俗人有牵连。
2. 僧侣们每天的戒休和生活介于家庭的感官之乐和苦行僧的禁欲之间。他们也坚持独身,但是他们认为健康的身体是功德圆满的必需，因此生存的其他基本欲求得以满足。
3. 缘起的哲学并非是将关于存在与非存在的概念简单地组合，而是在他人提出的本体论的所有可能排列中走中间道路。

基于"缘起"说,人们经常认为佛陀"无我"的思想同奥义派婆罗门以及其他派别的思想是直接对立的。这一观念是源于巴利语"无我"的使用。因为"无我"(巴利语为 *anattā*,梵语作 *anā tman*)给"我"(巴利语为 *attā*,梵语作 *atman*)加了一个否定的词缀。正如我们已经看到的,"我"是除佛教以外当时印度其他宗教派别的中心议题。居于统治地位的婆罗门教根据《奥义书》宣称，对于生命永恒与宇宙本质的觉悟是解脱之道，而佛陀针锋相对地提出“诸法无我”。很多佛教徒和学者都一致将“无我”理解成一种对“自我”的根本否定。

近些年来，学术界已经指出“诸法无我”指的是一个普通概念，并不是从属性的。问题的要点在于，如果万物都是相对缘起于存在与非存在的所有排列组合之间，那么一切事物的存在方式——诸如音符、脚指甲、想法、笑声、气味、猫、树木、椅子、石头等的自我——在普遍意义上就都是相同的，这里的相同不是因为他们都是“非存在”。事实上，非存在是被明确否定了的。由于其从属含义，“无我”的字面意思可能迷惑了对手。佛陀否认的不是人的自我存在，而是任何独立个体的存在，这一观点反对“自我的恒在”，同时也对“自我不存在”这种说法提出怀疑。

这种怀疑得到了以下事实的支持：佛陀要求人们不要在关于自我或世界的问题上采取任何这类本体论主张。他说，所有的这类观点都是虚妄我见——它们深深地遮蔽了事物缘起的本质，要达到“正见”必须将其先行根除。佛陀自己也拒绝回答这类问题，当被问及前文中的“四重逻辑”表述时他选择了沉默，这些问题后来被称为“佛陀未回答的问题”[①]。佛陀的传道方式与同时代的人以及大部分其他传道者有很大不同，他没有留下任何当时关于自我与世界的本体论状态的思考，至少没有直接留下。佛陀教导人们，要想“看到世间万物的本来面目”，就不要纠缠于那些本体论问题，而是要调动自己的认知能力。

这些内容在佛经中被称为事物的相互交叠的五重结构，即五蕴（梵语的 *khandhas*，英语中并没有与之对等的词）。如果对

① 即十四难。——译注

话者的注意力分散到其他地方，佛陀就会不断提醒他先去理解五蕴的生灭。此外，最重要的是，早期佛经中反复强调是五蕴导致了不圆满——第一圣谛所确认的人生本质。因此五蕴与不圆满的联系揭示出：不圆满的根源不仅仅在于人内心不满足的心理状态，还在于一点，即必须从人的认知结构的角度探究众生本性。此即个人获得体验的必经方式，如果一个人事先不了解获得体验的方式或对此毫无概念，他就不可能思考也不可能认识任何具体事物。

在“宗教”层面上，研究人的认知结构的目的是要理解这种结构的通常状况与人的欲求之间的影响关系，因为欲求反应在正常情况下是受认知过程支配的。但事实上，从本相来看，这种认识是错误的。尤其是，当没有正确理解缘起时，人们会作为独立的欲求者持续作出回应，怀抱着对不同目标的个体欲望。通过这种方式，无明和欲爱一起推动着因果业报循环下去。相反，只有认识到对独立和脱离的感知都是虚妄，放弃无明，欲爱才会逐渐萎缩、消失。

从存在的本质到体验的本质

从“哲学”角度看，这一教义旨在帮助人们将注意力从本体论转移到认识论上来。也就是说，在热切的形而上学质疑以及关于自我和世界的本体论理论中，佛陀声称每个个体都有自己的主观认知过程。个体无法跳出这一过程来弄清或检验过程外部的事件，但是还是可以理解认知的发生过程。这就涉及个体对这一过程如何塑造我们体验外部世界之方式的认识。下面的经文表明了认知体系如何将“原始”的感觉信息逐步转变成可界定的、精练的复杂分类，整个过程意味着“变唯一为多样”

认知的过程

意识、眼睛和视觉对象三者的接触产生了视觉感受；其后这一初级的感觉发展到感受，然后对其思考产生概念，再将思考的概念扩展为各种不同的观念。

（《阿含经》中部 I,111，释义）

上面这种形式也适用于听觉、嗅觉、味觉、触觉和思考（上述五类和视觉一起在印度被佛教和其他教派称为“六感”，其中“思考”是非感官性的精神活动）。

再论缘起

理解缘起意味着*不再追问*自我、前世、来世和今生的存在，不问是什么、为什么、有还是无、是还是非，不问万物何以为此，法从何而来，又去往何处。

（《阿含经》相应部 IV,93，释义，斜体字为笔者所加）

（《阿含经》增支部 II,161）。

从经书未予言明的这条教义中能够得到两个暗示(其实经书中点明的内容极少)。其一，如果是由感知系统来处理所有的经验性资料，缘起结构便也是由人的感知系统组成：主观体验过程是个人一切感知的来源。这不仅意味着主观性与客观性之间有直接联系，而且表明众生轮回的缘起现象之所以是暂时的，是因为缘起本身的体验性。这一暗示在后期的佛教中得到了充分的阐释和探讨（尤其是在瑜伽行派中），但在早期佛教中，这一点很大程度上被忽视了。

其二,如果认识宇宙人生真相的焦点集中于理解认知的本质而非事物的本质——后者可以说是不受我们认知能力影响的,那么结论就是:一个人的所知与其自我无关。无论一个认知主体的性质和所处的本体位置如何,它都无法将其本身客体化从而被其自身认识。人们便是这样解读“存在的三个特征”(见44页方框中内容)中最后一条“诸法无我”的,其含意在很大程度上依然隐而未显,因为有一种对立的观点认为无我说就是指“没有自我”。

佛陀在很多方面对他人观点的批评十分激烈。如果他的“无我”教义宣扬的是无“我”,单单这一点便至少与处于统治地位的婆罗门教的主张(来自《奥义书》)完全对立;如果“无我”的本义是人们所理解的“一切能认知的都不是我”,那么佛陀否定的在很大程度上便不仅仅是婆罗门教的统治思想,还包括同时期其他大多数教派的理论基础。总之,佛陀在宣传自己的缘起学说时断然拒斥其他教派所持的各种本体论立场。

然而,在理解佛陀的各种学说时,须记住其中重要的一点:在佛陀的时代,其传道以及反对其他教派的目的完全是为了帮助其他人获得止见、从人生的兴衰轮回中解脱出来。人们在阅读佛经时总能感觉到这种意图,忽视或遗漏这一点都是对佛经教义的传承方式的歪曲。佛陀之所以费心削弱婆罗门的势力,不是因为他希望在某一哲学争论方面获胜,而是因为他认为婆罗门教所主张的排他性和至高权威性会危及人们的幸福。此外,他认为婆罗门教的教义依赖的是传统而非自己通过体验获得的认知,因而是极其不可靠的,有时甚至会出现自相矛盾:他看不出人们有任何理由去相信那些没有亲身体验的传道者的说教。佛陀同样反对它们的妄自尊大和对他人解脱之道的漠然态度。他指出，一切与神职人员有关的礼仪行为都毫无目的，因为业果报应法则植根于人的内心，除了自己没有其他人能够接近。佛陀还认为，将精力花在精确地记忆宗教戒律上，并将某种语言尊为神圣、拒不外传，就如同只注重声音和话语的细枝末节而不去理解存在本身的结构。佛陀指出，真正重要的应该是精神而不是文字，是整体而不是细节，是一个人的理解而不是这个人的记忆。

早期佛经的风格更接近“宗教”，而不是“哲学”。早期佛经中那些在今天很容易引起知识阶层关注的哲学问题，在当时却是与生存密切相关的话题，而不是抽象的思辨。事实上，佛陀和他的追随者以及同时代的寻道者们一定会对我们今天将他们的思想高度理智化感到吃惊。公元前5世纪的印度不过像一个坩锅，各种不同哲学派别都从中融合出各自的思想和方法论，并建立起相互的关系。此外，正是从这一世纪开始，一个教派要想扩大其影响就必须更多地依靠系统性的主张来提高自身的可信度。虽然公元前5世纪各教派并不需要多强的理论性来强化自己的学说地位，但不久以后，正规的各派教义之间便为争取优势、获得认同展开了竞争，那些出于早已存在的宗教传统的要求或者仅出于实用救世所传播的内容，其教义也获得了更为学术化和理论化的表达和阐述。

第四章

争议与辩护

语言、文法和论辩

对婆罗门的威胁

在婆罗门祭司们看来，公元前 5 世纪事态的发展引发了一种严重的威胁。尽管雅利安入侵者的后代在文化和宗教方面已经非常成功地占据了主导地位，但是在此期间，来自其他教派的挑战促使他们必须采取严密的步骤来保护他们的习俗和世界观。受到威胁最大的要数祭祀传统。其他教派对此所持的相左观点不仅认为祭祀的一些相关仪式毫无意义，而且还指出，如果这些仪式被人们广泛地接受，婆罗门教派自身将变得多余，并会由此从社会等级的顶端跌落下来。婆罗门教派试图捍卫他们在各方面的地位，其中突出的一点，是要加强和确立各种技艺性论辩制度以证明祭祀的合法性及其地位的确定性。

随着前几章所述的公元前 5 世纪事态的发展，早期“捍卫”吠陀的思想趋向已被正式确立。仪式传统被分门别类地安排、保存和实施：作为整体的祭祀由不同宗系内的专门人员负责不同的部分。捍卫仪式需要形成详尽观点，这可以利用已有的知识，也可以有创新性的发展：这种捍卫行动与作为一个整体的婆罗门传统内部进行的研究和所支撑的论点内在相互交叉。

年代表

约公元前 2000 年一:吠陀祭祀传统。

约公元前 800—公元前 500 年:早期《奥义书》。

公元前 500 年前:婆罗门传统中崇礼派与灵智派两分支教派并存。

公元前 5 世纪社会背景:在家修行者与隐修者。

约公元前 484—公元前 405 年:佛陀在世。

公元前 4 世纪至公元前 2 世纪:面对着迅速散播的与真理相反的言论,婆罗门教派如果想维持他们所掌握的主导地位,就必须对一些既能证明他们习俗的正当性又能确认他们的权威性的问题进行阐述。如同祭祀仪式和梵语的远古守护者一样,他们试图建立一些标准,并通过这些标准使他们的习俗和关切得到认可。这不仅是为了支持他们自己的论点,也是为了反驳别人的论断。在这种情况下,他们确定了时间表,规定了每一个哲学流派为支持自己的观点所必须确定的事项。

关键人物包括:

公元前 4 世纪:声明学家(即文法学家)帕尼尼。

公元前 3 世纪至公元前 2 世纪:迦旃延和帕坦伽利,帕尼尼文法的评论家。

公元前 2 世纪:耆米尼,已知第一位对《吠陀经》中的仪式部分——“献祭系统”进行评注的经书作者。

公元前 2 世纪:跋达罗衍那,《梵经》的作者,该经书是对《吠陀经》中的仪式部分——《奥义书》的重要评注。

捍卫方式

简单来说，仪式所面临的威胁最初是对《吠陀经》本身的威胁，特别是其“起源”部分，即前《奥义书》的行部（献祭系统）。因此，两种捍卫方式都是必须的。第一种是在仪式参与者的纯正性的基础上强化和保护社会等级制度的延续，《吠陀经》的未来命运正依赖于此。这种社会结构强化的迹象包含在已知的《佛法论》和《实利论》的论述中，它们详细地列出并用律法规定了每一个社会成员的地位、作用、责任、权利、目的、潜能等等。社会结构由此而被固定下来，尽管人们可能会对它的极度刻板和排他性提出批评，但它却一直延续到现在。就生命力而论，它可谓取得了相当惊人的成功。[也许值得关注的是，这其中的一个原因在于，人们认为在其命定的一生中，一个人在社会等级中的位置是由他前世的行为（业）所决定。这就意味着对一个局内人来说，这种体系依据的是自然法则的运行，而非西方人眼中所认为的偶然的精英结构。]

第二种方式就是要保存和捍卫与举行仪式有关的全部资料。于是在此方面兴起了一些专攻之术，它们所依据的行为准则是“吠陀六支分”—— 六个“吠陀的分支”。**语音学**涉及祭祀中所发出、唱出和说出的各种声音的正确发音。**韵律学**对祭祀中各类赞美诗和惯用语的格律进行分类。**声明学**（即文法学）建立起句子各组成部分之间的联系。**语源学分析**试图解释句子中单个词语的含义。**天文学**确定了举行祭祀最佳的吉日良辰。**仪式规则**为祭祀中所要举行的各种仪式制定了正确的程序。

除了天文学和祭祀规则之外，吠陀支也将其自身投身于借助**语言**把《吠陀经》的内容与对实相的理解联系起来的行为，我们对此更感兴趣。这也就是说,在确立《吠陀经》语言规则的同时,语言在祭祀仪式所要维系的世界中的使用方式也被确定下来。进一步来说,这意味着世界的本质得到了解释,而语言与对那个世界的认知关系也是能够清楚表达的——如果仅从这一特定观点来看的话。我希望下面的内容能显示出那些观点是如何在语言的论辩中体现出来的。

语言和实相

随着语言的论辩在印度传统的各支脉和各方面屡见不鲜,几个世纪以来,在吠陀传统范围之内不同的理论和论据被提出,以此来支持有关语言论辩中的一些最重要的观点:在此我们仅需提及其中一些较重要的理论和论据。最具影响力的一个人物可能要数伟大的印度声明学家帕尼尼,他生活在公元前4世纪。帕尼尼撰写了语言学史上最全面、最复杂的文法原理之一,直到今天仍受到人们的高度重视。他的一部具有巨大影响力的著作《八章书》由八个章节构成,包含了四千条文法规则。算上附录在内,这部著作涵盖了语义学、句法、词源、音系规则、名词和动词词根的分类,以及一些特例的规则等所有的方面。帕尼尼由此将词源学、语音学以及由其他人分别研究和撰写的吠陀支本身全部囊括进他那包罗万象的文法中。

帕尼尼文法所描述的语言是吠陀经和仪式中所使用的梵语。梵语被看成是"仪式上纯正"的话语,它最重要的价值在于其能动性方面:人们相信,祭祀中所发出的梵语之声能够带来祭祀活动所要达到的结果。帕尼尼的文法把这一过程解释为一种手段和行为的结合。因此,像"水打湿了谷物"这句话的能动之意就暗含了这样一种理解,即"谷物湿了是由水造成的"。对于我们来说，此处有两点值得注意。第一点是名词（指出名称的词语），在该例中就是谷物和水，被看成是实词——真实的事物或存在。第二点就是施动者，即该例中的水，未必非要是一个有意识或主动的行为者：祭祀中的声音具有能动的感染力，就像它是自然而发，超然于凡情俗事一般——祭司在“诵读《吠陀经》章节”中所起的作用与“水打湿了谷物”中水的作用是类似的。所以说，语言本身就体现出了祭祀是在那个多元世界的实相中进行的，而祭司在保存和守护仪式经文中所起的重要作用已得到肯定：是语言充当了具有能动性的工具。

略为有趣的是，帕尼尼在将梵语的文法规则系统化的过程中，还为“封闭”这种语言出了一份力。这在任何一种语言的历史上都是一种不寻常的因素，因为绝大多数语言会随着文化的发展而不断地去改变和适应。与此相反，梵语具有一种特定的“古典”形式。这种形式明确地规定了什么是正确的或什么是错误的，应该如何使用或可以如何使用，等等。虽然梵语在印度文学、戏剧以及其他“宗教”著作中的使用有着丰富的传统，但它的这种规则化性质的要点和明证却在于在祭祀的能动过程中它们所占有的独一无二的地位。

帕坦伽利和迦旃延是帕尼尼两个重要的继承者和评论家，他们都生活在公元前 2 世纪，他们的贡献是将帕尼尼的理论规则具体地运用到梵语的实践中。他们指出，构成文法规则另一权威的是惯用法。的确，词语惯用法是一种具有权威性的理解方法。这一点很重要。因为它意味着句子的构成即使明显不完整或有残缺，也可依据句法上的联系来理解它们。那就是说，如果一个句子或一组词语虽没有严格遵守文法规则的细节，但依据使用惯例它也会被认可为有意义。这一论断不仅在扩大使用语言的标准方面具有重大意义，而且对于《吠陀经》的辩护者而言更是意义非凡。这是因为，不是所有仪式经文中的材料都清楚易懂、前后一致。仪式经文中的大部分是由戒律（或实际上是禁令）构成的，而这些戒律清楚地表明了仪式的目的。在此，文法规则的适用性显而易见。但是，经文中也包含有各种各样的附加的描述，它们的意思要么并非不言自明，要么与经文其他地方的表述相抵触。根据词语惯用法的标准，这些段落可以解释为隐喻，或者说它们不是按照字面意思能理解的，这样就从整体上确保了使用这种神圣语言来记录这些经文的逻辑性和连贯性。

耆米尼为《吠陀经》所作的辩护

最终，语言及其作用的理论化使得《吠陀经》的其他辩护者也投入了更多、更具体的努力来试图确定《吠陀经》内容的意义和合法性。声明学家的著作首先使他们能够确保资料准确无误的保存和祭祀本身的准确性。但是，能够对全部汇集资料的意义和连贯性进行论证也是必要的。第一位已知的《吠陀经》经文重要释经家是生活在公元前 2 世纪的耆米尼，他试图弄清楚祭祀仪式的性质和目的。这便是弥曼差派（Mimāṃsā）的发端（“弥曼差”意思是“阐释”）。专有名词“弥曼差”逐渐与仪式经文——《吠陀经》献祭系统的注释，以及在此注释的基础上发展起来的哲学传统联系在一起。

由于弥曼差派传统成熟的年代较晚，我们将在第八章重点讨论。但是，鉴于它在处于过渡的几个世纪中对其他哲学流派所产生的影响，在此先了解一下它的发端对我们不无裨益。据耆米尼所著的《弥曼差经》的记载，耆米尼的主要观点是认为

意义和文法

“火煮大米。”这个句子明白易懂，它包含了两个名词实体——火和大米，一种行为——煮，以及一个施动者——能煮熟大米的火。人们根据名词实体和行为之间的相互作用可把这句话理解为是在“制造”米饭。

单个词语的意思与句子的整个文法结构联系在一起，例如，如果上文中的句子是“火煮黑麦”，“火”（不止一堆火）和“黑麦”（不同的词表明这是一种不一样的物质）所包含的不同的意义指向就意味着，这句话作为一个整体其含义区别于“火煮大米”。可见，如果一个人要理解这整个句子，他既要根据词源学来了解每个单词的意思，也要知道文法规则是如何起作用的，这一点很重要。

“她的头发就是纯净的阳光。”这句话不能按照字面意思来理解，因为头发不可能真的是阳光。如果依据词源/文法的规则（与文法结构联系在一起的单词的意义）来分析这句话，它可能会被理解为错句子而遭到否定。然而，根据“惯用”的标准，它却可以被理解为一个比喻。由此可知，这句话的意思就是指句中所提及的头发是闪亮的、有光泽的、黄色的，可能在阳光下还绚丽夺目、闪闪发光——而不是说它真的是阳光。

《吠陀经》仪式经文是关于“法”的法典。第一章已经提到，法是通过正确地履行祭祀来维护宇宙秩序的，依次也有赖于必要的社会等级制度的支持。作为一个仪式/法手册的注释者，耆米尼认为法具有一种戒律的性质。也就是说，他理解吠陀经文主要是依据它们的戒律意义：它们告诉人们在祭祀中需要做什么，或者甚至不能做什么。此处的重点在于他把经文仅仅看成是行动的发起者。因此，经文中所包含的一切既可以按照字面意思将其理解为行动的指南，也可以将其理解为代表了与这一目的相关的方面。于是，他运用文法标准来解释要使句子具有戒律意义应该如何加以理解。他对一切用此方式仍无法理解的意义表示质疑，当然也包括有关《吠陀经》目的的权威性。

法(Dharma)

法在婆罗门传统中具有至高无上的价值。要把它翻译成英语而又没有一丝误解是很困难的事情，因此，最好是尝试从概念上来理解。这就必须从两个"层面"上去进行。宏观上来讲，它是指整个宇宙秩序。从这个意义上说，任何存在都是法的一部分。如果事物不是它应该成为的样子，或者没有达到它可能达到的最佳状态，那么一种无序或者是**反法**的情形便出现了：法遭到了破坏。

法得以维持的方式有两种：一种是依靠按《吠陀经》戒律所举行的祭祀，另一种则依赖于遵照仪式的社会地位而生存的所有个体，这些个体为维持社会等级制度达到最理想的状况做了他们的分内之事。这些也就构成了第二个"层面"，在这个层面上我们可以看到法微观的一面，它涉及的是个体的责任。个体的法被称为"自性法"(*sva-dharma*)，即一个人"自己的法"。因此，如果要维持宏观法并防止反法，一个人自己的法的正确实施是至关重要的。

从公元前 2 世纪开始,“自己的法”的规则就被非常详细地编入了被称为《法论》的经文中,这些经文都是关于法的责任的论述。

公元前 2 世纪,《吠陀经》释经家耆米尼在更趋哲学化的层面上致力于评注基础法手册——更为古老的《吠陀经》仪式手册。他主张所有的《吠陀经》经文都是由行为戒律构成的,并给法下了这样的定义:法是“应为之事”。

从印度传统中一个更为独特的“宗教”视角来看,正是法遭到破坏(即反法)才需要并促使神的介入,例如,在被称为《薄伽梵歌》的经书中,至高神在化为肉身后说道:“每当法遭到破坏的时候,我就会出现。”

(《薄伽梵歌》IV,7—8,释义)

耆米尼认为戒律与多元世界中的实体存在着直接的联系。借助于文法学家的著作,他认为一个词语的意思与它所指向的物体的存在有着关联。例如,如果有人说“奶牛”,那么要使这句话有意义就一定存在着“奶牛”这样的物体。因此,《吠陀经》中以定义形式出现的戒律就意味着必定有一些促成它们存在的必要因素:每一种情况下,至少都要包括施动者及其产物。这就意味着《吠陀经》经文既确定了它们所提到的宇宙的真实性,又证实了为维持那个宇宙的连续性就必须执行具有合法性的戒律,这两点都令人信服。

在《奥义书》的教义中,解脱是由认知自我与宇宙的基本一致而产生的,耆米尼表明这也应被看作是一个戒律,即把自我看作是祭祀的执行者,而祭祀又与人们的行为所要维持的宇宙相联系。他显然把一元论的经文段落解释为隐喻,因此否认它们不符合仪式资料的真实性。相反,他说,《奥义书》确认了个体的自我是多元而又真实的,每一个自我都需要了解它是作为施动者而存在的。

《奥义书》的至高无上

在耆米尼专注于努力对仪式手册进行注解的同时,其他一些人也对《奥义书》本身进行了详细的阐释。他们对于其中非仪式的、"了解你自己"的教义更感兴趣,但他们也把确定《吠陀经》资料的权威性和至上性视为自己的责任。一部极为重要的经文(后来被他人改写)的早期版本——据称概括了《奥义书》中需要为人们所了解的关键教义——是由与耆米尼同时代的跋达罗衍那所著。跋达罗衍那的这部经典通常被称为《吠檀多经》,它印证了《奥义书》成为"《吠陀经》的尾部"(吠檀多)的事实。这部也被称为《梵经》的经书指出,它所关注的重点并不是祭祀仪式,而是要了解《奥义书》对于婆罗门这一宇宙基石的看法。这部经书的第一节指出:"然后,(有了)对梵的探究",第二节接道:"由此(产生)(现有一切的)源头、维持、瓦解。"这表明它与耆米尼不仅关注点相异,连对实相世界的本质的理解也存在着很大的区别。与耆米尼著作中所坚持的多元性不同,《吠檀多经》指出所有的事物都是同一个梵的一部分。这意味着仪式戒律不应该像耆米尼所提出的那样被理解成与实相有关联:对于跋达罗衍那来说,语言并没有这种实物指向的特性。此外,《奥义书》本身作为一种戒律性的经文所表明的是,一个人应该"做"的事就是认识"梵"。

经文和证明

耆米尼和跋达罗衍那的著作都分别成为对后来的弥曼差派和吠檀多派诸见产生深刻影响的经文。由于这个原因，弥曼差派和吠檀多派有时候也被称为前（早期）、后（后期）弥曼差派（注释）——对《吠陀经》早期和后期部分所分别作出的注释。在这两者之间他们也确定了印度传统作为一个整体而显示出的两个重要特征。第一个是他们的书写风格——极为隐晦的"经文"形式。每一节只包括几个单词，这些单词的意思和上下文又往往非常晦涩难懂。如要理解它们，就需要对这些经文进行更深入的解释。这可能反映出一种事实，即传统主要是由口头流传的，一些重要人物争论的关键点仅以备忘录的形式被记录下来。同时，这也可反映出每一个传统中的理解都具有排他性的倾向，显示出那些"熟悉内情者"的优越性。无论出于何种原因，使用这种隐晦风格的一个重要结果是，随着时间的流逝，后来的释经家们都将自己的注释文集添加进早先的经文中，于是，每一个传统范围内都出现了不止一种哲学流派。

第二个由这两个早期释经家确立的特征是后来成为印度传统中极其重要而又存在争议的认识论标准——证明。也就是说，耆米尼和跋达罗衍那完全抛弃了佛陀和其他人的教义，二人都指出《吠陀经》的原始资料代表了一个毋庸置疑、确凿有据的知识起源：这些资料所述值得完全信赖。认识论标准借助于梵语"量"（*pramāna*）一词开始为人们所了解，"量"的意思是"认知方式"。而证明则被称为"圣言量"（*śabda-pramāna*），顾名思义，该词是指"通过词语去认知"。从此，证明作为一个有效的理解手段在多大程度上能够被接受，便成为每一个有系统性的思

法的隐晦特性

事实上，它定是永恒的，因为它是为他人而说的。相似总会存在。因为没有数。因为它是独立的。

（《弥曼差经》1.1.18—21，关于语言的性质）

然后探询梵。它源自何处，是其起源也是经文的源头。而且还由于它与它们的目的相联系。

（《吠檀多经》1.1.1—4，关于佛经的内容）

想家必须考虑的问题，无论相关的源头是《吠陀经》还是其他什么，抑或是其他人的“话语”。这些不是反对证明的可信性就是认为它在认识论上不重要的人，必须确定至少另外一种认识论标准的至上性和有效性，这类标准诸如感知能力、推断，或者推理/合乎逻辑的论辩。相关的本体论问题也必须加以考虑和讨论：尤其是自我的本性和“真实状况”——与认知和认知手段有关，以及世界的本性和“真实状况”——与认知内容和/或行为的依据有关。在某些情况下，人们考虑的是它们是否与语言的使用有关系，或者它们是不是由语言的使用所决定。

对与自我相关问题的研究是借助于词语“自我知识”（*ātma-vidyā*），即“对自我的认知”而为人们所了解的。通常，哲学思考活动是用术语“因论”（*ānviksikī*）来表述的，它的意思类似于“观察”，或者甚至是“观察的对象”。它通常被看成是“逻辑推理”的专业术语，但实际上这个术语所反映的是一种早期阶段的状况，在这一阶段中，传统要依照书面意义来决定和确立什么东西应该被“观察”、“思考”和“研究”。任何被提出的理论都必须在这些方面具有或者至少声称具有内在的一致性和连贯性。而且,对其他人观点所持的批评也集中在他们对这些问题的处理和理解上。因论就与如何引导这一工作相关。

在随后的辩论环境中,一种理论的拥护者通常会首先提出一个替代性观点,然后对其进行否定。这一替代性观点(有时在一次辩论中要否定的不止一个)被看成是反对者的观点,反对者即“更早期的拥护者”。通常它会这样被表述:“如果有人说(也就是,如果反对者说)那个 X(或者 Y,或者 Z),那么这是错的。”尽管系统与系统之间在精确的细节上会有所差异,但否定和辩论却会继续,并且其关注的焦点不仅有所提出的替代性观点,也有得出上述观点的认识论标准。当前的拥护者也会借助于能够支持他的方法和观点的证据来提出自己的看法,并对他自己的认识论标准进行解释。

第五章

范畴与方法

胜论派和正理派

胜论派思想:宇宙的范畴

迦那陀于公元前2世纪创作了《胜论经》,其中记载的哲学体系是在早期人们决定要“研究什么”的社会环境中出现得最早的哲学体系之一。尽管迦那陀的出身和背景并不一定属于正统,但他和耆米尼一样,都关注对法的理解。对于迦那陀来说,法是至高无上的,但在某种程度上他又与耆米尼的观点有所不同:耆米尼深信《吠陀经》本身具有自我印证的至高无上性,而迦那陀维护《吠陀经》(仅仅)是因为《吠陀经》拥护法。这也就是说,耆米尼主要是一位《吠陀经》注释家和辩护者,而迦那陀最感兴趣的却是实相的本质,他把实相理解为法,而且恰好由于吠陀戒律发挥作用而得以保存。由此,《胜论经》开篇的章节说道:

> 我们现在应该考虑法的本性。
> 至高至善来自法。
> 《吠陀经》之权威是由于它与法有关。
>
> (《胜论经》1—3)

年代表

约公元前 2000 年—:吠陀献祭传统。

约公元前 800—公元前 500 年:早期《奥义书》。

公元前 500 年前：婆罗门传统中崇礼派与灵智派两教派分支并存。

公元前 5 世纪 社会背景:在家修行者和隐修者。

约公元前 485—公元前 405 年:佛陀在世。

公元前 4 世纪—公元前 2 世纪：文法学家和早期的释经家制定了应该“研究”什么。

公元前 3 世纪—公元前 2 世纪：迦那陀的《胜论经》——关注实相“细节”(*viśeṣa*)的本体论地位。迦那陀旨在确定世界是由何种“细节”或何种类别的实体所构成。

约公元 3 世纪：乔达摩的《正理经》——沿用了迦那陀多元实在论的本体论，正理派所关注的是人们怎样才能获得实在论的某些知识——认知的正确方式是什么？正理派的主要贡献是其建立在推理论证基础之上的认识论方法。

《胜论经》代表着一套多元实在论:存在于我们周围世界中的各样物体具有独立实相,它们远离我们之外而存在着。这一理论所涉及的是对多元性的研究,其目的在于根据组成多元性的实体的不同类型对多元性进行分类。这也就是该体系名称的由来,因为“胜论”表明的是调查研究中的细节。胜论派的方法和本体论所产生的持久性影响是通过与正理派思想体系之间的紧密联系而被人们所感知的;首先提出正理派思想体系的是一位名叫乔达摩的人,其生平年代尚无法确定,但可能生活于公元 3 世纪前后。胜论派的方法、本体论和正理派的思想体系合在一起称为正理—胜论派,它们在古典诸见中扮演了极为重要和极富影响力的角色,为印度哲学思想作出了卓越的贡献。尽管处于更主导地位的正理派体系时常被单独谈及或专门研究,但这样一种研究方法还是预设它对胜论派唯实论的采纳。故而,在研究正理派思想体系之前,对胜论派的立场和主张进行一定的了解,并对胜论派以分析形式对唯实论的主张加以呈现的程度有一定的感知,这是有所助益的。

在确定整个现存实体的基本"范畴"方面,胜论派所涉及的特性分类得到了采用。这些范畴在梵文中被称为"词语所表征的对象"(*padārtha*),直译为"该语暗示着什么",其意思暗指处于调查研究之中实体的超验实相。这也就是说,通过在口头上被指称,一个物体被理解为具有独立的存在。根据胜论派思想体系可知,总共有七种范畴:物质、属性、行为、普遍性、特性、内属关系以及(后来添加的)非存在或否定。

物质和属性

在以上这些范畴中,物质最为重要,因为其他所有的范畴都在一定程度上与之有联系。所有物质,无论其性质如何,都能够分解或还原成以下九类中的一种:土、水、火、气、以太、空间、时间、自我和心智。其中的每一种都有各自不同的属性。对于前五种,《胜论经》表述如下:

> 土(除硬度外还)具有颜色、味道、气味和可感知性,
>
> 水具有颜色、味道、可感知性和流动性,

火（除热度外还）具有颜色和可感知性，

气（除流动性外还）具有可感性 。

以太不具有可感知的性质。

（《胜论经》Ⅱ.1.1—5，释义）

胜论派本体论是多元唯实论中的一种，它把实体的基本构成要素分解成七大**范畴**：物质、属性、行为、普遍性、特性、内属关系以及非存在或否定。

物质被进一步划分为九种不同的"原子"：土、水、火、气、以太、空间、时间、自我和心智。

土、水、火和气是**质料性物质**原子；以太、空间、时间、自我和心智是**非质料性物质**原子。所有原子都是永恒的。

土、水、火和气原子聚在一起，再与其他一个或多个原子适当地结合，就能够形成可辨别的物体。以太、空间、时间、自我则既是无所不在，也是亘古永恒的。然而，心智只在体积上有如原子，而且在人类每一个个体中只存在一个心智原子与单一的自我原子相联系。

物质是最为重要的范畴，因为其他范畴的产生都只与它有关。

共有二十四种属性和五类行为内在于**物质**当中。每一**物质**的单独产生就是**普遍性**的一个**特**例。**非存在**允许各式各样的否定、不在场和非存在被理解为实相的一部分。

虽然以太是感觉不到的，但是它的主要属性是充当媒介，通过它诸如声音等得以传播和被人听到。因此它本身就是一种物质。

所有物质都以原子形态存在，每个原子都是永恒不灭的。不同比例的原子组合在一起也就产生了宇宙间各种不同的所有物体，反过来这些物体相对于构成它们的原子来说则是有限的和可分解的。与构成质料性物质的土、水、火和气不同的是，以太、空间、时间、自我和心智等原子则是非质料性的。在这五种非质料性物质中，心智是每个自我个体所特有的，它犹如原子体积那样大小，而其余的四种则既是永恒的又是无处不在的物质。

自我的多元性是由意识（或认知）属性的多元化体现出来的，而每个自我又进一步以欲望、厌恶、喜好、痛苦和成就等属性为特征。心智的存在是从它的活动推导出来的，它所起的部分作用在于处理感官信息：它也可用于从内心获得对自我的感知。这种自我和心智的截然分离在印度思想中也并非不同寻常。

在概述物质范畴的过程中，我们已经涉及了上文中作为第二范畴的属性。属性只能存在于物质中而不能独立存在。不同的胜论派经文中列出了十七到二十四种属性，这些属性又被分为三类：可以存在于质料性物质中的，可以存在于非质料性物质中的，以及既可以存在于质料性物质中也可以存在于非质料性物质中的。因此，诸如颜色、味道、气味、触觉、流动性和硬度等只能存在于如土、水、火和气这些质料性物质中；诸如认知性、幸福感、非幸福感、欲望和厌恶等只能存在于非质料性物质中；而诸如数量、规模和联合等属性则可以存在于任何物质中。有时候，一种特有的属性需要有一种以上的物质来呈现，如联合、差异性和复数。

属性的重要性在于，它们使我们将此物与彼物区分开来，并以此显示出物质的特性。没有属性，就我们所认识的世界而言，物质就会变得不可区分。因此，物质内部总是存在至少一种属性。这种存在本身在胜论派模式中就是一种更深层次的范畴，并且在其他两种范畴之间起到了人们所称的一种"粘合力"的作用，否则这另外两种范畴便不能独自存在。一个常用来证明该观点的事例就是，"颜色"这一属性不可能自己存在，或者作为复合物质的"玫瑰"也不可能离开颜色这一属性而存在。因此如果我们以红玫瑰为例，那么红色就必然会作为一种属性而存在于玫瑰这一物质之中。虽然这之间的联系是必然的，但是属性（在此指颜色）和物质（在此指玫瑰）以及存在，就范畴而言，事实上是实相分出的几个方面。红色也可以用来表明普遍性和个别性范畴。存在于红玫瑰这一个体中的红色是普遍性概念"红色"的个别表现。普遍性可能为任何数量的个别个体所共有，而正是存在于普遍性之中的个体的特殊性把（比如说）该朵玫瑰与其他的玫瑰相互区分开来。更为重要的是，普遍性唯有通过个别性才能表现出来。即使是从本体论角度来看个别相似的原子，从所有的土原子到所有的自我原子，由于其自身的特性不同，也使得它们在这个根本多元的模式中各有差异：虽然范畴相似，也存在着相同的普遍性，但是每个原子在某种意义上又是独一无二的，而这种唯一性就被归为其特性。普遍性的重要性在于，如果没有它我们就无法认知某些特性——例如所有玫瑰花——具有玫瑰的共性：即每一朵玫瑰花都有自己的特性，但事实上都是玫瑰。

余下两个我们需要再讨论的范畴是行为和非存在，两者中行为更加重要，因为它代表着物质的积极和动态方面，而属性则是物质的被动和不活跃的方面。行为解释了所有显明性的活动，也解释了原子是以何种方式构成合成体以及又是以何种方式终止这一过程的。就后一种情况而言，除了有存在这一属性之外还要有作为“诱发”因素的行为。从整体方面来看，正是行为导致了因果关系的产生。就概念而言，我们几乎可以用“因果性”来代替“行为”作为这一范畴的名称——尽管胜论派自己从未这样做过。

把非存在作为一个单独的范畴，这对于纯现实主义的哲学流派来说可能会令人感到惊讶。把它补入原有的六个范畴，其目的是为了在一个系统内把非存在或不存在的迹象作为实在而又“真实”的事物状态包含进来，而在此系统内，存在被认为是所研究物体的固有本性——实相。这样一来，“非存在”这一范畴就使得诸如“此处没有玫瑰”和“以太具有不可感知的属性”的表述具有了真实的意义。有五种非存在已被界定：此处没有玫瑰（非存在）；一朵玫瑰花不是一头母牛（差异）；玫瑰丛中还没有花（非存在先于存在）；玫瑰花没有了（非存在后于存在）；玫瑰的共性从未存在于母牛中（从来不存在的东西）。正是由于以这样的方式把非存在作为实相的一部分，它才成为一个独立的范畴。

我们无法确切地知道胜论派是怎样得出他们的本体论的：也就是说，我们不清楚他们是否试图去描述实相，或者他们是否试图建立起一种实相框架体系。因此人们也就无法知道他们的范畴体系来自哪里，或者说他们使用的是什么样的标准来确定是否将各种不同因素内含进体系。当正理派教徒接受胜论派的本体论体系时，他们似乎并未对其进行质疑。不过可以说，这两个学派都试图建立起通常意义上的多元世界的终极实相，他们相信常识性的观点提供了一种关于那个世界的真实表述，不管他们当时决定将其归入何种范畴。因此，他们赋予作为认知手段的感性知觉以很高的优先权，这就与耆米尼和跋达罗衍那对证明的依赖形成了对照。然而，这种对日常感性世界合法性的接受承认了吠陀释经家的本体论立场，但是随后这也遭到了另外一些人——特别是佛教教徒们的质疑，对此我们将在下一章讨论。

正理派的贡献

自乔达摩的《正理经》始，正理派思想家们向胜论派体系中加入了两个具有非常重要意义的要素。第一是他们确立了明确的标准，依据这些标准人们可以从逻辑上论证：体系中的每一个要素正如所描述的那样是一种存在。也就是说，他们引进了一种独特的"方法"，此"方法"建立在特定的理性规则之上，根据这种"方法"可以获得一定的有关研究客体方面的知识。这样他们就可以宣称他们已经"证实"了感知所展现给我们的多元实相。值得一提的是，除感官感知外，正理派还接受了在第一章提及的瑜伽感知和其他可被宽泛地称为"直觉性"感知的正当性。但是在所有这些感知中，对于正理派教徒来说还是感官感知扮演着重要的认识论角色。正理派的形式化方法最早出现在古印度盛行的辩论环境中，它所建立的规则从整体上来看对印度传统产生了持久的影响。更一般的说，正理派对辩论原则作出的贡献还在于具体阐述了是什么使得一次论辩不正当或是不可接受。

正理派哲学家添加到胜论派体系中的第二个具有重要意义的要素是，他们认为通过这种方式获得的知识具有灵魂拯救之功效（也就是说，相关知识的习得影响了信仰者的命运）——

对此胜论派教徒自己却并未给予明确的关注，这很可能是因为与解脱相比，迦那陀对佛法（作为宇宙的结构）更感兴趣。乔达摩在介绍获得某种特定知识的方法时宣称此种方法只能在某些特定的环境中使用。他列出了一个“真知的客体”表单，该表单所包含的事物，其存在和性质构成可被合理地加以探究——因为与其相关的知识有助于获得“至善”，按照印度传统理解即解脱。

> 关于获得正确知识之适当方式以及那些可被合理探究之对象的特定知识……（以及在辩论中与方法和程序相关的其他因素）导向了至善的获得。
>
> 正是由于对虚假知识的剔除……（最终，经过了几个阶段）通向了解脱。
>
> （《正理经》1.1.1—2）

我们将讨论正理派的方法，这种讨论首先将涉及正理派所建立的进行探究的标准；其次，将涉及该派给出的表单上所列出的可进行探询的有效客体。这将会引导我们进入对表单中所列的具体事例之处理方法的讨论。

进行的程序

只有对被探究的对象怀有疑问的时候，正理派才认为应该进行探究。也就是说，如果某事已确定无疑，那么对其进行探究就毫无意义了。因此，探究的对象必须是可能涉及不同理解方的事物。此外，探究必须具有得出某种结果的可能性。探究的目的是为了获得某种知识，而这些知识则构成探究的“结论”；如果没有可能达到此目的，那么所进行的探询本身就毫无意义。正是这种对迄今为止的未知事物获得确定性的可能性表明了有必要对先前不确定情形或者是怀疑情形进行探究，同时这种可能性也是进行合法探究的重要的、正当的要义之一。

然而，疑惑和获得确定性的可能这两项自身还不足以使得探究具备合理性。如果单凭这两项进行探究，那么某人也可能仅仅是受到了好奇心的驱使；乔达摩指出，此类“无目的行为”是与人类的“理性行为”相悖的。更确切地说，进行探究一定要有正当的“目的”。虽然印度传统中各个阶段对于教义的阐释具有开放性，但《胜论经》中的一项论述——探究必须有助于获得“至善”——的含意也表明，此目的应该有助于从轮回中获得解脱。

进行探究的另一个必要条件是一定要有某些观察得到的资料，这些资料既要能用来支持开始探究时所确立的命题，又要能维护建立起确定性的观点的支持标准。正是在这点上，正理派把它自身与在他看来属于我们周围多元世界的现实最为明确地联系起来。对于正理派教徒来说，关键在于，在利用这些观察得到的资料——比如“有烟必有火”——时他们声称是在建立起一种不容争议的论点，这样便巩固了论辩结果的合法性和不可改变性。对于正理派而言，该体系的特征也彰显出把观察得到的资料或经验世界与他们的逻辑辩论体系连接起来的重要性。正如现代西方哲学中的情况那样，仅以(比方说)数学逻辑为基础的哲学抽象概念是没有立足之地的。相反，它们的逻辑方法植根于其周围的世界，植根于身处世界之中、更具存在意义和经验意义的人类。

方法本身

这就使得我们考虑到方法本身，此方法是作为一个具有五个阶段或“分支”的观点提出的，它也从探究中得出特定的结论。这五个阶段是：第一，对有待证实之论点的陈述；第二，论点理由的陈述；第三，列举一个能够用来支撑论点并作为“准则”的事例；第四，将论点与“准则”相联系；第五，对依此被证明的论点的重述。在《正理经》中乔达摩以此所举的例子是：(1)山上着火了；(2)因为它在冒烟；(3)冒烟的地方必定着了火(就像人们在厨房里看到的)；(4)山上有烟，而烟与火如影随形；(5)因此山上着火了。

从这个“五段式”方法中我们可以看到正理派赋予推理的至关重要性：它可以推断出 X(山上有火)，此推论建立在观察所得到的证据 Y(烟)以及准则 Z(冒烟的地方都着火了)的基础之上。对于正理派来说，推理理性和运用通过感知获得的资料成为获得某种知识的首要方式。后来，整个印度传统，特别是佛教逻辑学家及后期的正理派教徒更加注重确保作为推论之基础的例证或“准则”的可靠性，比如，有烟是否确实是着火的可靠指示。这一发展过程是重要的，因为此准则意味着恒定性，它构成了证明此论点的绝对可靠的支撑。尽管乔达摩的体系中仍存在着漏洞，但作为早期《正理经》的作者，乔达摩以这种方式第一次确立了推理在逻辑辩论中的中心地位，同时也促使第一个正式的哲学研究方法形成。

现在，我们可以转向乔达摩所列出的正当的探究客体。该表单是对胜论派物质范畴及其他方面的补充，它在《正理经》1.1.9 中被列出，内容包括：自我、肉体、感觉器官、感官客体、认知、心智、行为、过失、生死轮回、因果报应、痛苦及解脱。乔达摩的一位重要继承人瓦特沙亚那明确希望建立所列内容之间的连贯性，并作出如下评论：

> 这里，自我是一切事物的先知，是一切事物的享用者，是全知全能的，是所有事件的经历者。肉体是自我之快乐与痛苦的栖息地。感觉器官是识别快乐和痛苦的途径。内在感知的“心智”可以洞悉一切对象。行为是所有快乐和痛苦的原因之所在；欲望、嫉妒和眷恋的不足之处也是如此。自我曾有过前世，而且在这之后还将会有其他的后世，直到获得解脱。这就像是无始无终的生死轮回。除了获得的方式不同之外，痛苦和快乐紧密相连，而“因果报应”就是对这种快乐和痛苦的体验。为了达到解脱，人不得不对快乐和痛苦给予相同的理解；这就形成了超然的态度，而且最终达到自由。
>
> （《正理经注》：关于《正理经》1.1.9 的评论）

在乔达摩为进行探究而制定的标准这一语境中，这份表单告诉了我们一些东西，即乔达摩认为获取一定的知识，并且对先于探究之前的这些知识的存在和/或其本性产生怀疑是合情合理的。进一步来说，有关这些事物的知识将会有助于达到“至善”，而“至善”则是这项事业的重要目的。

自我之证明

乔达摩将其在《正理经》中提出的方法应用到了他所列出的可进行探询的有效客体表单中，作为这种应用方式的一个例子，让我们来看看他对真我(ātman)之存在的"证实"。很明显，这一探询客体符合怀疑的标准，因为就其存在和属性来说，两者还远没有达到一致。相反，它在宗教—哲学研究者的日程表上具有突出的重要性。正理派教徒们认为，运用他们的方法将会对真我的存在产生某种结论性的知识；他们还认为，获得这些特定知识必将有益于探索"至善"。在研究这个例子的时候，人们可以看到正理派对胜论派的物质和属性体系的借鉴。

乔达摩提出了自我本性多元的论点。他的理由是意识存在多元性，而且欲望、仇恨、努力、快乐和痛苦等属性的存在也具有多元性。所列举的事例或准则即，意识的多元性以及那些特定的属性暗示了非物质的、永恒的自我，这种自我既与精神分离又与肉体分离：换句话来说，这些正是此类自我的特征。所有这些特征都是表明自我多元化的例证。因此，自我多元化是存在的。在《正理经》中，这种被表明的自我的存在(《正理经》1.1.10)是极具隐含意义的，更详尽地阐述观点的评论也不甚明晰，因此，每种方法论的要点都需要进行一定程度的阐释。但是尽管如此，对于所要探询的客体来说，这仍然是一种"论证"的形式。还有一点已指出的是，那些属性仅存在于自我之中，而自我又先于那从轮回中所获得的解脱，在解脱之后，每个自我都失去了所有的属性而只保留其永恒的个体性。正理派根据《吠陀经》阐释传统声称，与依赖证词相比，这是一种更为确切的认识自我的途径。

诚然，《正理经》及其评注中所给出的这个和其他一些"例证"——比如对"心智"的多元性和属性的分别论述——都受到了同时代及后世思想家各式各样的批评。然而，直至今日，这种方法不仅在印度教义中而且在西方哲学圈内也倍受重视。该方法已经为印度教义提供了一个在西方思想环境下进行思考与阐释的最易接近的方面。除其他方面外，现代学者们还就其结构和相关的方法论优点与亚里士多德的三段论进行了对比的论辩，他们经常使用的例子为："所有人都是要死的；苏格拉底是人；因此苏格拉底也是要死的。"

总而言之，正理—胜论派关于世界的观点是一个多元化的唯实论观点。他们相信，感悟某物就是向感悟者传达与该物的独立存在相关的知识：比方说，如果一个人看到一朵玫瑰花，那么他会认为从超验角度来看该玫瑰是真实的。这就意味着不仅玫瑰本身存有的属性——比如红色和香味——可以通过感官感知，而且它自身作为一个独立存在的物质也可由此感知。这种唯实论作为正理派推理论证体系的基础是足以被信赖的，其目的在于获得某种关于更为重要的自我和心智之存在和性质的知识，这些知识仅靠感知无法知晓。因此，正理—胜论派诸见主要运用的认知方法是感知、推理和推断。

第六章

物与非物

佛教思想的发展

我们在第四章中看到了正统的婆罗门教面对来自竞争性教义和思维方式的挑战，试图以怎样的方式捍卫吠陀资料——其中包括仪典手册和《奥义书》——的合法性和权威性。同时，我们也看到了这一方式如何对更加系统化的正理—胜论派学说中的多元唯实论产生了影响。随着在婆罗门传统教义庇护下所发生的变化与发展，佛教的思想和教义也面临着有必要加以推敲、改写、研究和修订的局面。在着手探讨这些问题之前，值得一提的是，佛教思想家们提出了许多有关佛教内部和其他与之相关教派的思想和论点，这对于初学者来说似乎很难理解。然而，我希望本章所包含的宽泛的文本内容将会有助于厘清读者所碰到的任何问题。佛教哲学的深奥性也值得人们去不懈地探索：它包含着人类思维发展史中一些最基本的命题。

佛教思想的多样性

在佛教传统内，第一次严肃的辩论是有关僧侣戒律方面的，并由此形成两种态度，即有些人接受了这些戒律并进行了编纂；而另一些持反对态度的人则对其表示拒绝并进行了修订。以这种被称作“宗派分裂”的方式，早期的佛教开始分成不同的“派别”：他们最初的戒律差异为日后各自不同教义观点的形成并植根于想法一致的团体作了铺垫。经文所涉及的约十八个派别在印度先后存在于佛陀逝世后八百年间的各个不同时期。在这些可被总称为代表了“早期”或“前大乘”佛教的教派中，只有小乘佛教延续至今，但是其他教派我们也有所了解，包括说出世部、正量部、经量部和萨婆多部。

年代表

约公元前 2000 年—：吠陀祭祀传统。

约公元前 800—公元前 500 年：早期古《奥义书》。

公元前 500 年前：婆罗门传统中崇礼派与灵智派两教派分支并存。

公元前 5 世纪 社会背景：居家修行者与隐修者。

约公元前 485—公元前 405 年：佛陀在世。

公元前 4 世纪—公元前 2 世纪：文法学家和早期的注经家建立了何物当受“审视”的评判标准。

公元前 3 世纪—公元前 2 世纪：胜论派和正理派把多元唯实论的本体论和用以获得一定知识的常规方法论结合在一起。

公元前 4 世纪—公元前 1 世纪：早期的佛教传统经历了分裂，形成不同的派别。这些派别最初是建立在不同的戒律法规之上的，后来逐渐发展出具有自己鲜明特色的教义观点。

公元前 3 世纪—公元前 2 世纪：阿毗达摩派佛教（巴利语为

Abhidhamma）传统的发展：学者们对现象进行研究、归类，目的是为了理解事物的本质。

公元前1世纪—公元1世纪：大乘佛教和早期《般若波罗密经》（般若）的出现

约公元2世纪：以般若文学为基础，龙树的《中论》集中于研究所有现象的"空性"（*śūnyatā*）特征，并且建立了中观学派（中道）的思想基础。龙树派教义中最重要的一条就是佛陀的"缘起"思想。

约公元4世纪：佛教的唯识派（"心智唯一"），或称瑜伽行派（"瑜伽的修习"），提出了对般若教义的替代阐释，试图矫正"空性"派明显的虚无主义。正如"瑜伽"和"心智"这两个术语所暗示的，他们强调的是对冥思过程或者说"意识事件"的理解。

按教义来划分派别的标准涉及人（此种情况下或具体指佛陀，或泛指所有人）与世界的本体论地位，这些主题在更广泛的印度传统背景下具有普遍性。婆罗门教和正理—胜论派信徒在某些方面的起点比较简单，因为他们的主张与关于实相的常识性看法相一致。但是，佛教徒们还不得不应付最初的那些只关注精神过程而不关注外部世界的教义以及更让人头疼的"非我"教义。

对于说出世部（Lokottaravādins）来说，最主要的问题是历史上佛陀的地位问题。大部分佛教徒接受了他具有与其他任何人一样的同等地位，但是说出世部认为佛陀已以某种方式超越了普通的人性，因此不应受到佛教徒世俗意义上形而上标准的评判。［lokottara 一词由 loka（"世界"）和 uttara（"超出"或"之上"）

组合而成。]许多后来的佛教徒开始逐渐相信佛陀具有超越性，这种超越性也表现于其他一些具有仁慈心与洞察力、被称为菩萨的杰出人物身上。不过，在早期的佛教徒中，仅有说出世部持有这一观点。对于佛教皈依者来说，其意义在于他们希望通过遵循这种教义来达到的目标是超越世俗的。

佛教派别与经文

文本资料显示，在佛陀身后的五百年间，约有十八个不同的佛教派别被建立。僧侣团体中最初的“派系”是建立在不同的戒律规定的基础之上的。后来见解相近的团体也对教义进行了不同的阐释。唯一一支从早期存留至今的佛教派别是**小乘佛教**。其他早期的佛教派别包括**说出世部派**、**正量部派**、**经量部派**和**萨婆多部派**。

三种权威的文本资料

训诫条约——**箴言**或**经典**

僧侣戒律法典——**戒律**

教义的学术性阐释——《**阿毗达摩**》

现存的**阿毗达摩教派**与**小乘佛教派**和**萨婆多部派**有关。

经量部派明确坚持的只是箴言文本，反对其他派别的学术观点。

正量部派宣称，虽然佛教教义中倡导“非我”的学说(最常被解释为“没有自我”)，所有人类还是拥有某种个体的自我。没有现存的证据来说明这一观点是怎样形成的，但是正量部派的这种观点受到了其他佛教徒的一致反对。

阿毗达摩

经量部教派的名称（*sūtra-āntika*）表明，这一团体所认为的最具权威性的教义全集是包含在教义盟约或箴言中的。他们认为这一区分是必要的，因为《阿毗达摩》文集中所包含的更具学术性和阐释性的条约得到了发展。小乘佛教和萨婆多部教派都有他们自己的《阿毗达摩》文集：现存的巴利语中的南传佛教（阿毗达摩三藏）和梵文中的萨婆多部。[伴随着婆罗门人为捍卫他们自己的理念而与其他门派进行辩论的行为，梵语开始成为印度佛教徒辩论和文本书写的通用语言，但是所有尚存的小乘佛教著作，都是以巴利语的形式保存在锡兰岛（今斯里兰卡）而不是印度大陆。]

阿毗达摩（abhidharma）派教义与佛法（*dharma*）相关。我们应该从两个方面来看待这一"与佛法的关联"。首先，它涉及对整个佛教教义（佛法）的理解和限定性阐释。由于教义最初提出方式的神秘性或者说模糊性，人们认为这一做法是必要的，这也使一部分人感受到需要对这些教义进行某种整理从而形成阐释性的文集。单词、短语、句子和教义都须经过严密的分析，"正确的"定义和阐释被记录下来。其次，阿毗达摩派依照"佛法"对实相的本质进行研究。无论这一本质有什么或包含什么，都可以从中立和非断言性的角度称之为佛法。也就是说，佛法这一术语本身不涉及被指对象的任何属性或状态。在第三章中我们看到这一术语在**三法印**表述的第三行是这样被使用的（巴利语）："诸法无我。"之后，阿毗达摩派试图在佛陀教义的语境中确立实相的本质，这一做法与乔达摩的《胜论经》在吠陀法(Dharma，易混淆，为“法”一词的另一种用法)语境下所追求的目的是一样的。

再论“法”

在婆罗门思想中，法既意味着宇宙秩序又意味着个人责任，正如本书59—60页表框所示。在佛教中，法(dharma，巴利语拼作 *dhamma*)还有两大重要含义。首先，它指代佛的教义。要成为一个佛教徒，人们得同意“信靠”(即领受、尊崇和忠诚于)佛陀、教义(佛法)及其团体。其次，对于我们来说更为重要的是，“佛法”这一术语通常泛指“万事万物”，并未表明其具体所指。它是一个总括性术语，可以同等地应用于具体的或抽象的、现实的或记忆中的、感知的或概念的、主观的或客观的、有知觉的或无知觉的、有机的或无机的等任何事物。这一术语最先以这种方式出现在早期佛教徒的教义“诸法无我”之中，这在第三章已有所讨论。

经量部派并不反对阿毗达摩派努力的合法性，但是他们的重点是分析和研究早期的教义训诫(即箴言)中所暗示的实相的本质，而不是发展一种学术传统。他们的分析集中于解释人们对这个世界的认知体验与业的延续性之间的关系。这一体验过程(佛法)的构成，据他们所述，是暂时性、变化性和“瞬息性”的，没有任何类型的先天存在。因为持有这一立场，经量部派和萨婆多部派主张尤为相左，后者的世界观几乎全部是以其《阿毗达摩》为基础的，这是一部试图确立“万物皆存在”(*sarva- asti*)

观点的综合性著作。

在进行研究的过程中，阿毗达摩派的两个派别都把应用中的“非我”说完全归于人类而不是所有的佛法。为此他们声称人类不是由一个独立的自我，而是由五个并存的要素构成，这些要素被称作“蕴”（巴利语为 *Khandhas*）——同样的五重结构在第三章中作为认知的手段已经解释过。这些要素本身须接受佛法的分析，但却组成了一种学说，佛教徒们据此来反对其他人所宣称的任何独立或持久的人的自我。

萨婆多部派也被特别地运用到与延续性有关的佛法实相状态的研究中。在暂时性的佛法中怎么会产生任何一种因果联系呢？人们又如何能理解暂时性和延续性之间的相互关系？他们是这样回答这类问题的：尽管所有的佛法都存在于刹那间，即存在的时间长度仅够达到一种持续，但事实上它们也存在于所有的“时间模式”——过去、现在和将来中。他们将一种延续的基本“本质”（*svabhava*，即“自我存在”）归于佛法，甚至更进一步将佛法称作“物质”。

小乘佛教中的阿毗达摩派继续从事对佛法的研究，不是依据时间模式，而是依据各种类型的佛法，把经验的所有方面划分为范畴。他们试图以这种方式来弄清，为何从现象学上来看经验的具体方面和抽象方面会存在显著区别。总而言之，小乘佛教把佛法划分为“肉体上”的二十八个范畴和“精神上”的五十二个范畴，另外还有意识这一范畴。对于修行者来说，关键的一点就是要学会以冥思的状态来观察和分析它们，从而获取对事物的洞察力。

尽管，小乘佛教从未像萨婆多部派那样把任何事物的本质归于佛法，但阿毗达摩教的两个学派都质疑正理—胜论派的一

佛教在印度的衰落

在佛陀逝世后的大约一千年间，佛教在印度繁荣起来。公元前 3 世纪阿育王（印度孔雀王朝的国王）统治期间，佛教成为印度的官方精神信仰，僧侣团体也获得了大量的捐赠。这就促成了一个强大的社会群体的形成，在这一群体中各种思想得以繁衍，同时佛教教义也得以传播。在长达几个世纪的时间里，佛教思想在印度的宗教哲学生活中扮演了主要的角色，提出了许多新颖缜密的思想、评论和观点。这些理论和观点中的许多内容被传到了其他国家，如锡兰岛（今斯里兰卡）、中国（并且通过这些地方又传向了东南亚和远东地区），使佛教成为世界上主要的宗教信仰之一。人们并不确定佛教后来怎样或者为什么在印度实际上消失了。有许多种可能性：其机构过于庞大臃肿，无力安排人员去维持它的延续性；现今我们所称的印度教，其虔诚的礼拜仪式发展迅速吸引了许多会众离开佛教；或僧侣群体生活中长期形成的某种堕落而导致的自我毁灭。可以确定的是，当穆斯林自公元 8 世纪起定居于印度时，他们不费吹灰之力就可以除去佛教在印度的残余势力：当时，面对来自反对偶像崇拜的穆斯林的大规模破坏，佛教僧院是脆不堪击的。

些观点，其中包括他们如何理解客体的认知表面与其本体论状态之间的关系问题，以及性质、普遍性和独特性的状态等问题。阿毗达摩教派的评论集中于对正理—胜论派所假设的原子的性质以及他们所进行的大量研究。他们表明，把这么多的元素划分为不同类型的原子是错误和不必要的：比如性质和普遍性，它们都是认知性活动的一部分——对后者来说是必不可少的，但不是本体论意义上的相互分离的范畴。在阿毗达摩教派就原子的绝对独立性和永恒性所作的评论中，一个关键的论点是：不可分离的原子不能彼此之间相互连接以形成我们所感知到的各种物体。如果不可分离，X 原子的部分怎么可能毗邻或者连接 Y 原子的部分呢？此外，他们还否定了以下两种说法：直觉建立了人们所感知的永恒现实；人们所感知到的事物是由原子聚集在一起所形成的离散且“独特”的整体。阿毗达摩教派还指出，后一种说法否认感知部分和整体的可能性。并且，在任何情况下，人们所感知的事物只具有暂时性的、现象学的状态。正理—胜论派的文论还包含了对这些问题和其他评论的回应，并且表明，他们以某种方式对其中一些教义的观点作了相应的修正或加强。

阿毗达摩教派从最早期的佛教教义中所承袭下来的东西远达不到哲学所要求的明确、清楚，并且在任何情况下，这些教义首要关注的都是其救世神学的功效。阿毗达摩教派与当时同时发生的两种倾向有所关联，这两种倾向表现在：其一，他们相信，正在发展的佛教传统需要为它的修习信徒们建立起更为翔实系统的表述，以确定的阐释取代教义的模糊性。通过在冥想修习中借用语言分析的系列技术标准，他们做到了这一点。其二，一种处于发展变化之中、系统地提出教义的倾向，这是为了着眼于这些标准自身而建立起其合法性和连贯性，使他们能够就相似的问题同外人的矛盾主张进行辩论。从某种程度来说，阿毗达摩教派为了使其教义能与正理—胜论派的教义相媲美，或多或少地都被迫对佛法进行了某种系统的分析和归类。

空性与般若

因此,阿毗达摩教派著作的特点极有可能是表明了各种不同思想派别之间的相互影响,而且还表明这些派别用来陈述自己观点的方式都是高度相似的。然而,佛教徒们确实是对正理—胜论派的观点提出了批评。事实上随着时间的流逝所发生的情况是这样的:阿毗达摩教派中的抽象法理逐渐变得具体化,即最初人们或多或少从抽象的角度所理解的内容逐渐获得了复数形式和具体"事物"的地位。鉴于早期佛教教义的非唯实论性质,这一具体化过程明显将引起人们对有关阿毗达摩教派的观点提出严肃批评。这一批评首先来自佛教传统内部,它对于我们所称的大乘佛教教派的出现作出了贡献。大乘佛教是一种泛佛教徒的精神取向,与阿毗达摩教派相比,它追寻的是对佛教教义更加准确和可靠的理解。这一运动的早期阶段在被称为"般若经典"(《般若波罗密经》)的文献中有所记载。这些经文重点关注阿毗达摩教派的佛法理论,同时揭示出它们与认为"万物皆始出一家"因而缺乏任何本质的教义是不一致的。"般若"的作者们承认,他们的先辈已经正确认识到了人类自我非本质化的特性,但是又宣称,这些先辈完全不能理解"非我"这一教义的普遍性。因此,"般若"的作者们声称有一种"更高的"和"更正确的"洞察力或智慧存在,他们甚至认为自己的教义代表了"至上的方式",即大乘佛教的含义所在。

在对阿毗达摩教派进行评论时,相对于佛陀,"般若"的作者们有他们自己的优势:他们不是在婆罗门教的新教义占主导地位的社会背景下进行评论的,这种新教义宣称,人类有一种本质的自我(真我),它与宇宙的本质(梵)是一致的。因此,这些后来的佛教徒可以相对自由地提出有关佛陀教义的公式，其中没有提到“自我”，但却表明了所有事物（诸法）都是“自性为空。“空性”这一中性术语使得这种教义不再那么容易受到主观盗用，也使得这种教义的普遍适用性更易于从观念上被领会。

龙树的中道

在“般若”经文材料出现后不久，大量的文论开始出现，其中生活于公元 2 世纪的杰出思想家龙树对各种唯实论或多元论都提出了最为严厉的批评。他的重要代表作为《中论》，即“有关中道的作品”；与其相关的中观学派就是采用了这一名称。从《中论》一书的开篇诗句中我们可以清楚地看出，龙树认为自己提出的理论是对佛陀的教义的阐释，而不是他自己的一种哲学观点。同时，我们也可以清楚地知道，龙树坚信佛教教义的中心意义可在缘起的学说中找到，即这一学说囊括了“中道”所包含的意义。龙树解释道，这是与“般若”的教义联系在一起的，因为“我们所指的‘空性’就是缘起，这一点也正是中道”（《中论》24，18）。那也就是说（同时人们也可看出这一说法如何成为对第三章所描述的佛陀教义的重复性阐释），缘起的事物就是“自性本空”（非独立存在）。

龙树有关多元论的评论对于正理—胜论派的原子说和阿毗达摩派佛法范畴那含混不清的本体论状态同样适用（尤其适用于萨婆多部派的佛法范畴，人们把一种本质或“自我存在”归于这一教派）。然而，他的主要目标很可能在于纠正他所认为的后者对于佛教教义陈述上的偏差。鉴于他们对佛法的关心，他声称，不仅佛法不包含任何类型的“自我存在”，而且含有“自我存在”的佛法也不可能产生。他的评论是以激进的言辞开始的：

“任何源于自身、源于他物、源于这两者或无因产生的实体在任何地方以任何方式都不会存在。”(《中论》1,1)在这一评论中,龙树既没有声称也没有试图证明万物皆不存在。相反,他关心的是确立缘起的本体论含义,以便正确地理解事物存在的状态。他相信诸如“存在”(如在“自我存在”中——在英语中我们也可称之为“实体”或“物”)这样的术语往往在意义上被错误使用,暗示着它们所指的是独立存在,而那种认为在此类实体——被误解的缘起——间存在一种因果规律的观点也是错误的。龙树的评论目的正是在于阐明这些要点。

龙树所表述的思想我们可以从四个层次来更好地加以理解:(1)“自我存在”从不产生于事物本身。(2)“自我存在”也不是产生于事物本身之外的其他事物。(3)当然,更不可能同时产生于二者。这些方面包含着的一个潜在观点是,通过原因或条件而产生包含“自我存在”的任何事物的想法都是不符合逻辑的,因为任何受到因果关系和条件限制的实体都是偶然发生的:“偶发的自我存在”是荒谬的,根本没有独自存在并具有因果关系的“他物”。(这在《中论》15,1—3 中被反复提及。)(4)第四个方面即具有“自我存在”的事物不可能无因产生,因为如果这种情况存在的话,这个世界将会混乱无序,而实际上世界并非如此。龙树的评论者进一步解释说,如果事物可以产生出自我,同一事物就将连续不断、牢不可破的链式复制;某个带有独特“自我存在”的事物要想产生出一种具有完全不同的“自我存在”的事物是不可能的——因果关联会存在于何处呢?而且这两种产生模式的混合体也会受到这两类问题的同时困扰。

因此,缘起不是与带来一个多元论实相世界相关联的一种因果律理论。以缘起作为运转因素的世界具有一种不同的本体论状态:“空性”的一种。这不能从存在和非存在方面来理解,因为二者都不适用于它。存在之所以不适用,是因为存在的概念意义预示了一种多元化的实相世界。如果这一世界是存在的,它将永远静止不变,因为正如龙树所表明的那样,因果律的法则将不能在这一世界运行:独立组成要素就因果关系来说不可能是偶然的。非存在之所以不适用,是因为通过缘起,我们确实体验到了一个现象化的世界。这里龙树向我们介绍了“二谛”:世俗谛和胜义谛,它们分别涉及以经验为根据的体验化世界和作为“如实存在”的事物。

二谛和空性的逻辑

以体验为根据的经验化世界并不是不真实的:我们真实地体验到它。然而,如果一个人仅能够体验它而不是从“如实存在”或胜义谛(当然,这正是佛教徒们在其信仰之路上试图达到的,即觉悟)的角度去看待它,那么他将会了解到实相的本质——本体论的状态——不是其向我们所展示的独立多元论。更确切地说,我们所认为的独立多元论事实上是一个有条件的和相互依赖的世界——就终极性方面来说这一世界是世俗性的,因此“完全没有”任何种类的本质或“自我存在”。它遵循了这一说法,即我们所熟悉的经验世界表面看起来互不相连,实质上具有相同的内容特质,其实全是真理在世俗层次上的状态:这也是为什么按照与存在相关的标准去理解真实存在的事物是一种谬误的另一个原因。龙树称,对此产生误解并认为空性就是非存在的观点,会导致对佛佗的深奥教义缺乏理解,也会摧毁意志薄弱者。(《中论》24.9—11)事实上,他继续解释说,对于经验化存在的世界而言,空性是唯一符合逻辑本体论的可能存在的东西：坚持多元唯实论尤为不合逻辑，因为它排除了任何因果律和可能产生的变化。

龙树的空性观点最常见是以四真谛（如第三章所讨论的，早期在佛陀所著的材料里发现）的方式被提及：从有、无、亦有亦无、非有非无的角度来思考任何事物都是错误的。佛教徒以及学者所著的大量材料都是关于如何准确地理解这种表述的逻辑、内涵，以及它是否会肯定地导致某种虚无论，或者它是否应该被专门视为对他人主张所作的评论，自己不持观点。就我们的目的来看，我认为最为有益的就是把它看作一种全面地反对其他对手观点的方式，其基本的理论依据是，以有/无的形式来推断任何本体论理论的一个前提便是借助世俗真理的观念结构。若从终极真理的角度来看，它就不可能是正确的：它的陈述正是一种自我反驳。一个人要想理解实相的本质，根据龙树的观点，他应当设立既定目标，一个最好的目标就是达到“语言戏论的断灭”。无论我们对实相发表怎样的言辞，都注定是错误的。这是因为对于言语化发生于其中的常规世界来说，其前提便是错误性的。因此，人们应当试图获得一种没有被这些术语所结构化的洞察力（这也是冥思训练要达到的目标）。在这一点上，它遵循了“空性”自身可被普遍理解的说法，而不是某种非言语化的、独立存在的超验实体。

龙树写到空性的空性：这是一种描述，而不是一个结论。此外，在真理的层次之间也没有本体论上的差异：唯一的差异是经验上的。因为，只要一个人没有了解事物的真正本质，他就极易受到经验和世俗真理标准的影响。当一个人获得洞见时，他就能看见这种世俗性并理解虚空的观点。与吠陀教的注释和正理—胜论派的理论完全不同，语言给龙树所暗示的不是一个先

空性证实我们所知的世界

对于一个认为若万物性空则无物存在，并且认为龙树提出的空性论否定了佛陀及其教义之存在的反对者，龙树回应如下：

在提出这一点时，显然你没有理解空性，而且你所受的来自非存在的苦恼也是无谓的。人们必须从世俗谛和胜义谛两种角度来理解现实的本质：佛陀的教义深奥，它将会摧毁那些曲解这一观点而又缺乏智慧的教义。只有空性的观点符合逻辑，这个经验世界才会符合逻辑；没有空性，这一经验化的世界就是荒诞的。如果你认为现实实体是独立真实的存在，你就否定了条件和因果关系的可能性。如果万物皆无缘起(即空性)，那我们所熟知的万事万物便不可能发生：事物将不能兴起或停止，知识将不能被获得或无知将不能被根除，人们不能从事任何活动，也无生无死，万物静止不动、状态如一。是你而不是我提出了我们所知的这个世界的非存在性。如果你否认空性，你就否认了这个世界。但发现缘起之真理的人就会发现如实存在的这个世界，同时也理解了佛陀有关不圆满的教义及其起源和消失的方式。

(《中论》第24章，释义)

注：最后一点是把龙树所说的意义与佛陀的真谛等同起来。

语言戏论的断灭

“实体”和“非实体”、“存在”和“非存在”这类观点本身便是对以经验为依据的普遍真理世界所表现出的一种错误态度。因此，肯定或否定的观点都是不正确的。事物可以同时具有两种性质的情况也是不可能的，因为从任何一种标准来看，这都是相互抵触的。“既非此也非彼”的事物若要有意义，前提是其初始假设是正确的，但是在此情况下事实并非如此。没有任何一种层次的真理准确到可以断言事物是存在、非存在、两者都是、两者都非：这些约定俗成在世俗真理中是错误的，在终极真理中则是不可运用的。既然所有的佛法都是性空，那么怎样才能达到有限、无限、既有限又无限或既非有限又非无限的状态呢？怎样才能达到永恒、短暂、既永恒又短暂或既非永恒又非短暂的状态呢？自由的洞见伴随着所有这些语言戏论的断灭。任何时候，佛陀教导人们的有关“事物”的理论都仅仅是语言上的假名安立。

（《中论》11—24，释义）

验的多元实相，而是一个世俗的世界，如果人们想要认识绝对真理，就不得不“看透”这个世界。

如果人们坚持龙树的两种层次的真理，确立他的“知识方法”便是一种冒险的行为：所有感官和智力的活动都只是按世俗意义发生，因此，在这一框架内，以此种方式发生在我们身上的任何事情都是不可信赖的。但是龙树却坚持认为，世俗层次的真理是产生洞见的源泉，并且其实相根据其自身的标准是有意义的。在这种语境下，人们可以看到逻辑对于他的重要性。但是与正理派的逻辑方法论不一样的是，龙树使用逻辑推理的目的是为了削弱现存的其他所有知识方法依据的基本前提：经验世界永恒的现实。龙树是否仅仅试图以这种方式把所有其他人的观点降到荒谬性的程度，还是他也用这种逻辑推理的方法来建立自己有关空性理论的主张，这在以后成为使其信徒产生分化的一个问题。沿着这些思路，两个明显的中观学派被建立，之后佛教传统内外的评论家们对这两个学派都发表了相关评论。

佛陀觉悟的洞见——一个提示

1. 观察自身从过去世的行为导致这一世状况的延续情况。
2. 观察其他生命在其自身行为的作用下生与再生的情况。
3. 观察如何根除导致这种紧随的不断延续的最深因素。

I 所有的感官欲望。

II 继续求生的欲望。

III 无明。

IV *坚守观点*。（斜体由笔者设定）

唯识派思想

在龙树之后约两个世纪，一个重要的非中观思想学派建立了，被称为“唯心智”派（Citta-Matra）或瑜伽行派（Yogācāra）。该学派的目标在早期阶段与生活于公元 4 世纪的无著和世亲两兄弟有关，它试图纠正《阿毗达摩》一书对佛法的具体化，但是在两个方面与中观学派明显不同。首先，它明确集中于分析精神过程；其次，它倾向于从一种在它看来更为积极的角度来呈现佛教。某些人认为《般若经》和中观学派思想家所提出的有关空性的教义，有着不吸引人并潜在地误导人的虚无主义内涵。这一内涵将人们的注意力带离体悟冥思状态的实践以获得自由的洞见。

瑜伽行派的目的，正如其创始人世亲在他的《唯识二十论》和《唯识三十颂》中所证实的那样，是要分析不同类型的“心智状态”或“意识活动”，这种状态构成了一个人觉悟前的经验世界。文章中所提出的问题包括：那些与心智状态相关、带来轮回的是什么？体验人们行为结果的业报过程是如何进行的？什么使得我们无明？人们为了“如实认识事物”需要做些什么？

我们被告知，根本的问题在于这个关于自我和他者、主观和客观、“领会者”和“被领会者”的普遍经验世界是一种精神建构，是由“意识的转变”所创造的，并被强加于现实之上，而现实本身又并非真正如此。轮回的运转是由于“种子”被放入“意识仓库”中而产生的意识的转变，这个“意识仓库”在未来的某个时刻会结出果实，催生出相互产生关联的精神构架限定。在未受启蒙的状态下，对这一过程的体验具有我们所熟悉的主观—客观结构，该结构之所以能发挥作用是由于意识仓库因对实相的真实本质无知而被“染上瑕疵”。这些种类繁多的瑕疵随着他或她的业的“种子”的结果而构成人类共同经历和某一种具体经历的多种不同特征。

由于意识仓库被延续性耗尽了能源，同时为了征服这种延续性，人们不得不洞察精神过程的这种约定俗成的主观—客观结构。这种洞察是通过冥思训练（瑜伽派）和对经验的“三个面向”的理解来实现的。我们最熟悉的就是“建构”面（遍计所执相）：精神上建构的主观—客观世界。在这一层面上，其主要特征就是具体化：“建构性真实”的世界。“依赖”面（依他起相）是一种潜在的精神活动，其转换形式即经验的“原始数据”。这一层面是不可否认的：经验是一种普遍性的基础或者是赋予整个人类的，再多的哲学论据也无法驳斥。“完美”面（圆成实相）就是在经验“溪流”之上完全去掉了思想的建构（遍计所执相）。

伐苏畔度的三个经验面向

1. **建构面**（遍计所执相）：主、客观性的日常世界，在这一世界中我们的精神活动凌驾于现实性之上，已不再是它原本的面貌；正是我们自己的精神过程把这一凌驾的结构解释为现实性本身。
2. **依赖面**（依他起相）：主观与客观经验的潜藏的“原始数据”；它经历了精神转化，变为建构面。
3. **完美面**（圆成实相）：未受精神转化影响的经验数据流。这就实际上构成了对现实性的洞见：不带有任何主观—客观的结构。

这一解释的几个特征值得注意。首先，在解释这个客观化世界怎样通过意识的转化而得到呈现时，它否认了正理—胜论派和其他派别的一种论点——对某一物体的感知建立起了这个物体的超验存在。其次，它以一种“积极的”并在心理上具有吸引力的方式与经验延续性的事实相关：在坚持经验的现实性时，其起点是人们所熟悉的而不是抽象化的。这一点的重要性在于,它从心理学的角度驳倒了中观学派所提出的有关极端和“空性”学说的教义(对某些人来说是不可接受的)。第三,从本体论的角度来看,它既适用于抽象的阐释,也适用于实质性阐释。那就是说,业的“种子”和“意识仓库”的理论既可被理解成一种隐喻也可被理解为真实存在的实体,正如“唯识”的整体观念也可作如是理解一样。自由的洞见可能仅涉及精神活动的终止,因为只要这一精神活动继续,就可以以“意识仓库”的表达来进行隐喻性地说明——作为一种“过程中的运行”;或者它还可以指一种实际存在的“意识仓库”的实体正在变得纯粹起来,并且具有某种持续的纯粹存在。同样,“意识转化”也可能意指对每个人所体验的精神活动产生一种原动力,一种完全非具体化的动力;或者它作为一种真实的实体,是指充当某种“精神材料”的意识在更具实质性的意义上转化成经验世界的方式。“唯识”这一术语可适用于这两种目的:理解人们的精神活动从而获得自由洞见的需要,以及经验世界由精神材料所构成这一主张。

瑜伽行派教徒和佛教学者们在最后一个问题上产生了内部分歧。在瑜伽行派内部,不同的理解方法导致了不同教派的建立。学者们则就以下问题产生了分歧:传统在本体论意义上是否总是唯心的(只存在精神材料);传统是否在开始时作为对精神活动的研究而置本体论问题于一边,并且随后发展出一个唯心论教派。早期的文本材料是模糊的,用任何一种方式进行阐释说明都合情合理地具有说服力。然而,值得注意的是,如果世亲暗示的是对主观认知过程的一种非本体论研究,那么他与早期佛教的教义及龙树的语言戏论的断灭还是有许多共同之处的,尽管与后者在提出方式上大相径庭。反过来说,如果他曾试图建立一种唯心的本体论,这就构成了观点的一大转向。

唯心论

唯心论是一种认为“万物皆是精神”的本体论。某种“心智材料”构成了现实的基本本源。它以某种方式被精神活动所“转化”。因此，我们所看到的并不是真实的事物本身，因为我们的所见所闻都被具体化为不同密度的物体：我们并未意识到它们仅仅是“心智材料”。因为确实存在“心智材料”，所以唯心主义并不等同于“万物皆空”的说法。由于这一原因，人们可能潜在地把它误解为“幻觉”。唯心主义是与任何多元本体论相对的。后者断言，我们所见的事物的多元性是超验的真实，而前者则否认这一说法。

世亲和他的瑜伽教义的信徒们对佛教徒讲道的繁荣发展阶段作出了巨大贡献。从龙树开始，在长达几个世纪的时间内，佛教思想家们在印度社会背景下提出了一些极为新颖和缜密的观点及评论。尤其是，对那些认为我们所感知的世界是一个实体化世界的人和认为这个世界是独立的自我存在的观察者们，提出了一次重大的挑战。相反，随着佛教徒对认知过程作为某种知识手段的可靠性的怀疑，无论结果多么激烈，他们都准备遵循从这种怀疑着手所带来的逻辑暗示。与龙树关于空性的极为新颖和缜密的文献不同，为了捍卫其所认为的佛陀的真正教义，龙树为佛教确立了强大的逻辑论证，以支持佛教的地位及其对其他宗教的评论。这促成了一种被称作“佛教徒逻辑”的繁荣传统，在这一传统中，与佛法及存在的本质相关的逻辑论证和辩驳在高度智力化、专门化的技能水平上参与了与其他理论

佛教思想的发展

佛陀的教导："万法都是'无我'，万物皆有规律：万事万物都是缘起。"

阿毗达摩派试图从佛法的角度更多地理解现实的本性。

小乘佛教中的阿毗达摩派把佛法分为二十八个"色法"和五十二个"心所"范畴，外加一个"心"范畴。其目的是为了有助于冥思时对佛法进行分析。

萨婆多部派中的阿毗达摩派声称万法既存在于过去，也存在于现在和将来。从这个意义来说，它们存在着某种暂时性的本质，或称"自性"。

随着时间的流逝，**阿毗达摩派**的佛法概念变得具体化了：它们作为"万事万物"而获得了一个真实和持久的地位。

"**般若**"的作者们反复强调，万事万物皆无本质。他们通过陈述万事万物"自性"的"空性"提出了"无我"的学说。

龙树声称：不仅万事万物都是"空性"，而且任何独立的实体都不可能以任何方式出现或发生。因此，"空性"是指称缘起的另一种方式。此外，我们所知的世界仅是以缘起为基础的：否认这一点就是否认这个世界。

瑜伽行派的思想试图依据对我们已知的世界进行精神过程的建构来提出一种关于空性的形而上学。

的论战。主要的佛教徒逻辑学者包括陈那和杰出的法称,后者在与之后的正理派教徒和其他学者的辩论中建立了逻辑论证的规则。虽然“假定的事实”和目标可能会在佛教徒和现实主义者之间大相径庭,但由于他们遵循了彼此间制定的规则,他们各自的论证还是有着共同的意义和取向。

第七章

见证与被见证

瑜伽和数论派

瑜伽:协调与控制

自印度传统习俗的很早阶段始,人们就从事着各种各样的精神锻炼或冥想训练,这就是经常被人们通称为“瑜伽”的训练。婆罗门教最早提到瑜伽这一词是在《奥义书》中,但我们几乎可以肯定,即使在那时书中所反映出的瑜伽修行也已经发展了相当长的一段时间。随着时间的推移,人们修行了很多不同种类的瑜伽,但它们却都共同内含着一个基本原则。Yoga(瑜伽的英文)来源于梵文动词词根“*yuj*”,意为“上轭”——用轭把某物与另一物套在一起。这里多指其“融合”或“结合”之意:或者是自我/灵魂(真我)与宇宙本质(梵)相融合,或者是有神论体系中的灵魂与上帝的结合。这个词也常指内部控制、协调、秩序或可被称为“洞见的完整”的相关概念。总的本体论因体系的不同而有所不同,但其内含的共同原则是,日常生活是以我们的感觉“带来的偏离”或忙乱的日常认知活动产生的误导为特征的,因此,修行瑜伽的目的就在于实现控制、冷静,并在某些系统中获得认知性领悟。

被称为《瑜伽经》的经文中体现了“古典瑜伽”的诸见。通常人们将此归功于一位叫帕坦伽利的人,而事实上我们并不知道

年代表

约公元前 2000 年—:吠陀祭祀传统。

约公元前 800—公元前 500 年:早期《奥义书》。

公元前 500 年前:婆罗门传统中崇礼派与灵智派两教派分支并存。

公元前 5 世纪社会背景:隐修者和居家修行者。

约公元前 485—公元前 405 年:佛陀在世。

公元前 4 世纪—公元前 2 世纪:声明学家(即文法学家)和早期注经家建立了何物当受"审视"的评判标准。

公元前 3 世纪—公元前 2 世纪:胜论派与正理派把多元唯实论的本体论和用以获得一定知识的常规方法结合起来。

公元前 4 世纪—公元前 1 世纪:不同佛教派别的出现。

公元前 3 世纪—公元 2 世纪:佛教阿毗达摩派的发展。

公元前 1 世纪—公元 1 世纪:大乘佛教和早期《般若波罗密经》("般若")的出现。

约公元 2 世纪:龙树的中观学派聚焦于万象之"空性"。

约公元 4 世纪:大乘佛教之瑜伽行派以精神过程为中心。

公元 3 世纪:《瑜伽经》代表了我们所知的"古典瑜伽",据说此经由一位叫做帕坦伽利的人所写,但事实上究竟谁是作者还不确定。《瑜伽经》详细地提出了获得自由洞见的精神训练方法论,这种方法论与数论派的二元本体论是一致的。

公元 4—5 世纪:自在黑在其《数论颂》中编纂了古典僧佉

论。人类必然会重生是因为他们没有意识到自己认为有意识的东西都是无意识的，而那种意识从本体论上来说只存在于相互分离与无为的“自我”(*puruṣa*)之中。僧佉论的目的就是要洞悉这种二元论。

经文的作者，总之叫帕坦伽利的人就有好几位(其中包括第四章所提到的声明学家)。《瑜伽经》是在综合吸纳的基础上形成的一种瑜伽方法体系。实际上，此经的主要目的似乎就在于阐述方式，而经文所涉及的内含和所依附的本体论，仅是为了证明方法论的合理性或详述方法的目的与结构。当涉及类似的问题和细节时，经文实际上没有提到其他思想体系：如果古典瑜伽的倡导者们与其他人有过什么论辩，那么这些交锋在此经中则都无记载。《瑜伽经》首先是一部修行手册，它的各种标准和简明陈述无疑是从长期的修行传统中而不是在论辩中形成的。瑜伽修行者对冥想的洞见要比对抽象的哲学概念更加感兴趣，而修行功效比说服他人也更为重要。这种见解也许比其他任何观点都更能证明，印度“哲学”是以救世为目标和目的的印度传统的一个组成部分。

古典瑜伽的目的

《瑜伽经》开篇即陈述其目标：

> 现在，我们要解释什么是瑜伽：瑜伽是意识活动的终止。
>
> (《瑜伽经》1.1—2)

意识活动（*citta-vrtti*）有许多不同种类，大致可分为正知、谬误、分别知、睡眠和记忆五大类。获取正知的途径是知觉、推论和来自传统的证言。谬误是虚假认知，不是由真正的实相而来。分别知是仅基于抽象精神活动的认知——常常是仅以“对措辞的具体化”来认定事实，它的积极介入是将表面现象视为事实。睡眠同样也牵涉到它自身的一种精神活动，而记忆则是回溯我们曾经经历过的感知对象，更多涉及的是精神活动。通过瑜伽修行和不执（即掌控），我们终止了所有这些意识活动。诸如疾病、疑惑、粗心、懈怠、虚伪、失败和不稳定等经历与心理状态，会使人意识涣散并会阻碍意识的终止。伴随着这些阻碍的是疼痛、沮丧、四肢颤抖和呼吸困难，克服阻碍的出路则在于专注于单一对象、外向修行（即不要采取自私意义上的自我为中心）、善待他人、正确呼吸和内心平静。（此解释是《瑜伽经》1.5—22，29—35 内容的释义。）

从这里我们可以看到，《瑜伽经》的作者否定了最终现实是依据我们自身对显明世界所经历的感知方式来构想安排的。精神活动通常会产生严重失常的精神涣散，导致我们远离对现实的清晰感知。瑜伽方法论的基础是力求鉴别出真正的“见证者”或“自我”［即本体系中的“神我”（*purusa*）］完全独立于“被见证者”或“显明”［即本体系中的“原质”（*prakrti*）］。在还没有获得这种分辨能力之前，每个个体都错误地相信意识所寄身的“见证者”是显明事物的一部分。我们把自己的显明、无意识的“自我”与我们的“更高自我”混淆了，事实上后者与前者完全不同：显明世界是无意识的，神我则是有意识的，也是无为的。正是神我与原质的“结合”带来幻觉；分辨只有在分散精力的脑力活动停止时才能实现，然后促成神我和原质的分离。这样真我才能从轮回中解脱，而由于神我与原质的结合的存在，轮回已经存在了那么久。真我（神我）是最高和“最真”的实相；实现真我也是人类可追求的至善。了解自我真实本性和个人基本神我的现实是《瑜伽经》的中心内容。虽然我们对意识存在于何处并不了解，但“古典瑜伽”中的显明世界却是真实的。原质——显明的世界——像神我一样，其本身就作为一种本体而存在，但是原质既是一个远离真实和事物“更高”状态的世界，又是一个被轮回束缚的世界。因此，瑜伽的目标就在于从原质中分辨自己。

“上帝”——“古典瑜伽”中的自在天

在《瑜伽经》1.23—8 中，我们得知分辨的目的同样可以通过“虔信上帝（自在天）”来实现。据载这位上帝是“一种特殊的神我”，不受业报影响，全知全能，是古代圣人们的导师。这些章节的确切意思不是很明晰，而且学者们对这位上帝地位的看法也不尽一致：或许它/他是一位赋予“古典瑜伽”以神性的超验存在；或许这些章节所涉及的是“古典瑜伽”的方法论为有神论拥护者所追随的事实；或许自在天是一个抽象的典型；亦或这些章节是在隐喻地表明，如果个体“内省”自己，他们会发现：每一个人的神我都是他/她自己的上帝。在印度宗教传统中虔信有时可指“专注”而非“崇拜”；因此这里的表述不一定是在暗示对一位实际造物主的虔诚。

迷误的人有必要修习瑜伽，原因有二：第一，无明仅产生于显明层面；第二，正是在显明层面上分辨才会发生。在无为状态下，神我没有也不能做出什么，它的职能就是见证。

《瑜伽经》很大部分是描述性内容，有关精神的不同状态、控制精神活动的不同方法、所实现目标的不同水平以及精神活动终止或不终止的原因等。有些内容是关于体验自我的方式，既包含虚假的“有质的自我”，又包括“无质的自我”。就经文本身来看，其大多数内容是技术性的陈述，这对于那些没有过冥想状态经历的人来说几乎没有实际的意义。一位“古典瑜伽”的西方学者曾将《瑜伽经》描述为“主要是精神内在旅行过程中的修行步骤图”，这形象地表明经文主要不是展示了一种清晰的哲学或本体论立场，而是描述了对控制阻碍分辨的各种精神活动进行冥想训练的方法。

数论派：二元论的理由

形成对照的是，“古典数论”的主要文献对本体论的阐述显然更加详尽，对获取知识手段的讨论也更清晰。《数论颂》（或《僧佉颂》）这部经文据说是由自在黑写于公元 350 年至 450 年之间。各种资料中都有明确证据表明数论派思想有着久远的早期历史，甚至可以追溯到《奥义书》时期。那时的数论派思想很可能在细节方面有些不同，而且还可能不时地与我们现在视为对该传统至关重要的经文形成对照。但是，早期的数论派经籍没有被保存下来。

梵语的“数论”（*sāṃkhya*）一词有几种意义，但在数论派语境中的意思类似于“列举”。它是指这个派别所声称要传授的真理，是在分析和分辨的意义上、通过对构成显明世界的范畴进行列举的方式得以认识的。《数论颂》开卷即表明：“正是因为遭受痛苦，我们才渴望知道如何去克服痛苦。”在表述这一明白无误的救世目的之后，经文接着指出我们所需要的是一种能够鉴别“显明、非显明以及知晓者”的特殊的分辨性知识。随后经文在神我(数量上为复数、个体相互分离但本体上又彼此同一的众多知晓者)与原质(既显明又非显明，但数量是单一的)之间进行了本体上的区分。与“古典瑜伽”一样，数论派在这一方面也主张本体二元论：实相由神我和原质组成。在非显明状态中，原质是一种未被创造的本体性“给定”，而当其和神我结合时(没有解释这是如何发生的)就显明了(其“被创造”的形式)。支撑数论派二元论的重要一点是，显明出的事物先前据说存在于非显明的原质中：它是不创造任何新事物的。在下一章中我们还将提到的这一观点被称为因中有果论(*satkāryavāda*)：认为结果预先存在于原因之中。在《数论颂》里，它确立了显明世界在本体上不仅是真实存在的，而且是唯一的存在。经文第9节给出的因中有果的理由是：

> 因为无物为无造；
>
> 因为物质的因是前提；
>
> 因为事物不能随意从他类事物中滋生；
>
> 因为事物只能从能够产生它们的事物中被产生；
>
> 因为这是因果的本性。

这节经文例证了推论作为一种获取知识的途径对于数论派的重要性。另一例子是以下推论：一定会存在多重神我，“因为生、死和行各具多样性；因为不同事物发生在不同时间；因为人们有不同比例的性格组成”(《数论颂》第18卷)。数论派认同的另外的知识获取途径是感知和亲证。感知被说成是“对特殊感觉对象的有选择的确知”(《数论颂》第 5 卷),这意味着并不是所有的“平常”感知都是有效的。亲证涉及的是该传统在专门化方面的继承物,其主要来源可追溯到《奥义书》。但是推论和感知优先于亲证,在后者不合逻辑时,前两者就显出优势。例如,我们是利用推论来建立神我的多重性,而不是被动接受《奥义书》中所提出的自我(真我)是具有宇宙本质(梵)的个体的观点。

数论派的实相结构

	原质			
神我	非显明/显明（萨埵/罗阇/答摩）	菩提（分辨官能）	我慢（自我意识）	心智 五种感知器官 五种行动器官 五种细微元素 五种粗糙元素

神我在本体上一致,但数量上是众多的;它们是永恒、不变、无为、有意识的见证者。

原质在本体上区别于神我,它是永恒、变化、有为和无意识的。

原质以三种品性为特征:善、活力或热情、懒惰。这三种品性以各种不同比例共存于所有显明世界中。

品性、范畴和鉴别

原质整体上受三种基本品性影响，梵文《数论颂》第 18 卷中“品性”被大致解释为善、活力或热情、懒惰。在任何给定的存在或对象中三者的各种不同比例的结合起到了“显明、刺激和限制；持续主导、支持和互相影响”（《数论颂》第 12 卷）的作用，这就解释了为何存在不同范畴或种类，以及同类人和物之间的差异。为了使自由分辨得以发生，三种品性必须保持平衡。

与这三重本性一样，原质的显现也是人们为了超脱痛苦、根据所要分析鉴别的各种不同范畴来划分结构的。第一类是觉（*buddhi*），它起着个体的“意志”和分辨性官能的作用：觉在追求解脱中“有选择地确知特殊感知对象”，以最终分辨神我。第二类是我慢（*ahaṃkāra*），其字面意思为“自我意识”。自我在未分辨神我的情况下错误地认为它就是个体有意识的真我。在这两种重要的类别之后是心智，作为一种自成一类的范畴，心智之后跟随着一系列的“组团”：感知器官（眼、耳、鼻、舌、皮肤）；活动器官（喉、手、足、排泄器官、生殖器官）；“细微元素”（声、触、形、味、臭）；和“粗糙元素”（气、风、火、水、地）。

这些范畴的“列举”（数论）给我们提供了一幅画面，即由无意识的原质构成的人类是如何认为他们是有意识的，同时分辨又是如何从那种无意识状态内部发生的。我慢这一成分使我们认为自己是有意识的：它在现象学上被体验为思想的思索者，行为的代理人，经验世界中的个体主体。但是，我慢被包裹在原质中，它所起的作用就如同闪光信号灯暗示着事物的真实状态一样。觉即个体的意志和分辨官能，作为个体经验生活的焦点被引向强有力的我慢，这样就完全离开了曾经存在但无为的神我。重新确定觉的分辨活动的方向需要个体官能的共同努力（人们认为这将经历许多生死轮回）。《数论颂》多次申明整个体系的内在目的是要寻求分辨神我。但这需要克服因品性的不平衡，特别是由于热情或懒惰占主导而引起的诱惑和涣散。这会导致各种形式的无知、不足、依恋和自满。然而，我慢所创造的只不过是一个错误或低级的自我，真正的自我是客观、超然地静候在一旁的神我，理解了这一点个体的觉悟最终才有可能将其自身从生命轮回的变迁中完全解救出来。这种感知促成神我从原质中分离，并使个体从重生轮回中解脱。

原质在性质上较神我要低级得多，而我慢揭示出的自我感觉又是如此具有迷惑性，以致《数论颂》声称实际上"没有什么是真正注定的，没有人能重生也没有人能被解去束缚"（《数论颂》第62卷）。由于只有原质存在轮回，原质"自我"的意识又是虚幻的，所以这些"个体"的重生并不是真正自我的重生。神我仅仅是见证者而已。

虽然《数论颂》中没有给出详细的方法论来实现分辨，但它提到在完善道德品质的同时需要进行适当的推理和研习训练，并获取有益的教诲（《数论颂》第51卷）。此外，这套体系提供了与"古典瑜伽"冥思训练的修行相一致的结构组织。数论派中有关分心的幻觉这一不同的术语在《瑜伽经》"心智运动"的表达中很容易被理解。

有关原质的补充说明

容易引起质疑的问题是：是否像人们通常理解的那样，《数论颂》中所描绘的原质的显明可被正当地理解为现实而多元的世界的显明？在本书中我有意不将prakṛti（原质）一词译成英文，其通常的翻译是“自然”和“物质”（想必这是与 purusa 译为“灵魂”或“意识”相对）。显明的范畴包括通常与物质相联系的所有粗糙元素，同时也未遗漏任何可能与我们周围经验世界相联系的东西。但是，如果我们所描述的是真实和多元意义上个体的人组成的经验世界，显明所发生的顺序则与个人的期望相反。经文中，认知官能是第一位的，随后出现的自然世界的特征正是来自我慢。而且，组成整体事物的三种品性——善、活力或热情、懒惰更可能被认为是精神上的而非物质上的。因此，有人想弄明白我们正在描绘的是否是一个取决于认知的世界，每个人自己的经验世界——就像第三章早期佛陀教义中的经文所描绘的那样。《数论颂》的解释在数论派的本体二元论的语境中可能会产生问题——当然是二元论传统上被理解的观点，也就是其因中有果论的观点（结果预先存在于原因中）——这在该语境中通常被认为是作为物质的原质的转变。但是，它会与前述人的生存问题和经文的救世目的十分相适，而且它与“古典瑜伽”方法的一致性并不会受到影响。经文在这个问题上的含混可能起源于数论派久远的早期传统，对于这一传统人们知之甚少。

第八章

言语与著作

伐致呵利、弥曼差和吠檀多

自公元前 4 世纪起，正统的婆罗门思想家们延续着那种对吠陀文集进行文法与释经研究的传统，这些文集的主体文献是由帕尼尼、帕坦伽利、耆米尼和跋达罗衍那等人创立的。由于印度思想流派纷呈，许多思想家力图严格维护绝对正统习俗和世界观的至高地位——无论他们首要关注的是吠陀业报部（行为的部分）的教规仪式与实在论，还是奥义书中的知识和宇宙本质，这些内容构成了《吠陀经》的尾部（吠檀多）和它的思辨部（知识的部分）。然而，直到大约公元 5 世纪，一种崭新而且不同的文法研究法才被提出来，再之后，弥曼差派和吠檀多诸见（*darśanas*）派的最重要分支得以建立。随着时间的流逝，后两者都在各自的理论框架下逐渐吸纳了一些变化因素，这些因素由各自传统中不同的重要思想家们提出；另外，它们还吸纳了下文将予以探讨的重要人物的思想。

伐致呵利——再谈文法

公元 5 世纪期间，声明学家伐致呵利提出观点，认为理解古典梵语与现实之间的关系不仅是维护婆罗门教义首要原则——他指的是吠陀及其所代表的世界合法性——的一种方

年代表

约公元前 2000 年：吠陀祭祀传统。

约公元前 800—公元前 500 年：早期《奥义书》。

公元前 500 年前：婆罗门传统中崇礼派与灵智派两教派分支并存。

约公元前 5 世纪 社会背景：在家修行者与隐修者。

约公元前 485—公元前 405 年：佛陀在世。

约公元前 2 世纪—公元前 4 世纪：声明学派与早期释经学派。

公元前 3 世纪—公元前 2 世纪：胜论派与正理派。

公元前 4 世纪—公元前 1 世纪：佛教不同派别出现。

公元前 3 世纪—公元 2 世纪：佛教徒阿毗达摩派的发展。

公元前 1 世纪—公元 1 世纪：大乘佛教与般若波罗密经。

约公元 2 世纪：龙树的《中论》。

约公元 4 世纪：佛教的唯识学派/瑜伽行派。

公元 3 世纪：瑜伽经与古典瑜伽。

公元 4—5 世纪：自在黑辑成了经典数论派的二元本体论。

公元 5 世纪：声明学派的伐致呵利发展出一种与语言分析的哲学活动并行的正统诸见。他宣称，理解了语言的作用就能接近婆罗门关于解脱的知识，即宇宙的一体化本质。

公元 7 世纪：释吠陀经文业报部的弥曼差教义流行时期，主要支持者有鸠摩梨罗和普拉帕格拉。

公元 8 世纪：商羯罗教派的不二论，基于奥义书的一元释经论、"吠陀文集的末章"和思辨部部分（认知部分）。

公元 11 世纪：罗摩奴阇（毗湿奴派）之吠檀多，有限二元论，即一种"有限非一元论"，也是基于奥义书的注释。

式，也是获得自由洞见的一种途径。他把这两类因素综合考虑，视文法和语言学习为宗教—哲学活动的最重要内容。他声称，借助吠陀梵语的发音，通过理解梵语与外在显明世界的联系方式，人们就会认知那普遍绝对（梵），从一种真正的意义上说，语言本身就是实相之声。

> 它是梵道，建由殊物，分于异道：解其中声明者方通其妙。
>
> （伐致呵利《字句论》1.22）

在伐致呵利进行研究的时期，声明学家们所关注的焦点问题是把句子成分的性质当作获取知识的途径。依据伐致呵利的观点，一个完整的句子才含有一套完整的意义，说出一个句子也就即时传达了单个词和片语所不能表达的有效知识：后者能传达的只是部分或不完整的知识碎片，且既易于被歪曲又容易产生误导。此外，透过对句子的理解，人们可以发现意义和词汇是结合在一起的，如果不借助于语言表达这个手段，就不会获得知识：要知晓某物就要了解其在语言中的表达。所以实相本身可以视为是可知的，而且是通过它在句子中——或者确切一点说，在一个句子中的表达实现的。伐致呵利宣称，尽管为了进行文法分析，可以把句子分解成各个单位和成分，但事实上，语言作为宇宙之声，其本身是连续而不可再分的。他在这里说出了自己所理解的一种吠陀观点的逻辑内含，这种观点认为，宇宙是通过与献祭相关的仪式之声来有效维系的。他指出，领悟这种“一元论之声”（梵音）应当是人们寻求的目标。

由于伐致呵利的教义试图理解语言对应实相的方式，因此引起了佛教逻辑学家们，尤其是陈那的极大兴趣。从对语言与实相之辩的研究来看，他们对世界的看法不尽相同：伐致呵利的见解包含了借助吠陀祭祀仪式来维系宇宙的思想，而佛教徒认为言语建构能使无明世界和轮回转世生生不息。但是这个论题本身对双方来说是同样的，并且有人认为，伐致呵利将吠陀祭祀仪式中的语音行为与《奥义书》中明显的一元论思想统一起来，这使得他成为婆罗门传统中的一个重要人物，这一传统倾向于把思想与修行分离开来。尽管弥曼差派和不二吠檀多都未全然采用他的观点，但是二者与他还是有许多共同之处；特别是稍后的弥曼差派就是深受伐致呵利所说的语言运用方式的本体论内涵的影响。

弥曼差：祭祀仪式的哲学

弥曼差派思想家鸠摩梨罗和普拉帕格拉是吠陀仪式经文的释经家，而不是声明学家，他们关注的要点是正确理解仪式的本质，尤其要领悟祭祀的戒律。实际上就婆罗门正统而言，这样的做法是他们的自性法（“自己的职责”）的一个主要方面，因为对《吠陀经》的研究是这个结构的一个内在部分，而此结构能确保《吠陀经》代代相传。弥曼差派把我们的世界看作是一个现实既定的多元世界，祭祀就在其中举行。他们把祭祀看成是维系这个世界的一种方式。更具体地说，也就是维护法的方式——事物本当如何：这是祭祀仪式戒律的基本原理。包含在代表着永恒真理的吠陀经文中的戒律，其本身便被视为自证自知，可谓法中内在固有的一个部分。

在尝试从哲学高度更好地理解祭祀仪式之本质的过程中，后来的弥曼差派（追随耆米尼的那些人）发现，正统声明学家们所做的工作与世界的本质有着重要的关联，而语言也是这样与世界本质联系起来的。他们认为,说出一个词就意味着该词所指之物是存在的。这有助于他们证明多元世界的实相与本质,在这个多元世界中包含有众多独立、自发的作为祭祀仪式执行者的“自我”。他们否定《奥义书》早期释经家提出的一元论主张,认为这些主张没有考虑到个人的特性与癖好、愚昧、邪恶和美德。他们宣称《奥义书》中关于理解自我的戒律其目的不是为了解脱,而是为了更好地执行吠陀祭祀仪式。同样他们也否定数论派那种无为自我在与原质相联时就会“迷失”本体的观点:相反,弥曼差派宣称,自我的本质是具有意识的中介(因此也就是积极的仪式拥护者)。正如鸠摩梨罗在其著作《颂释补》中说的那样:“人应该理解自我这一戒律的目的并不是出于解脱,此类的自我了解明显是要促进对仪式的执行。”

多元性与唯实论:尝试另一范畴

弥曼差派在强调世界的本质特点时曾赞同世界的多元与唯实性。他们表示赞同的方式,与第五章中已谈及的胜论派的分析分类法相类似。弥曼差派认可五种范畴:物质、属性、行为、普遍性和缺乏性。胜论派把物质分成九类(土、水、火、气、以太、空间、时间、自我和心智),在此基础上又加了两类:黑暗和声音。物质、属性和其他范畴之间的关系经常被分析,结果得出被称为“同中有异”的论点。多个范畴可共存于一体,比如红之颜色与玫瑰之形式的共存,它们的不同仅在于各自构成了一种不同的特性。它们不可能独立存在。实际上,没有任何可感知的事物是绝对相异或绝对相同的:相反,事物彼此都是独特的,或者说在分属于不同范畴上是一致的。所有的认知都牵涉到相关范畴结合在一起所呈现出来的不同方面的“同中有异”。

弥曼差认识论

对弥曼差派来说，认知代表了一种有效而可靠的获取知识的方法，这种知识包括了我们周围的世界和作为认知者的个体"自我"。认知行为"揭示"了认知者和被认知者、"超验真实"的外部存在：两者都不以任何方式依赖于认知过程的运转。相反，认知给求知对象带来了一种"正被认识"的状态，对自觉认知者的感知则给予了肯定。因此认知过程揭示了"真理"，这种情形下吠陀不朽的世界观也得到了肯定。

弥曼差派还坚持一种万物可以复归为原子微粒的理论，但是与胜论派的微小原子（不为个体感知的，只有凭借推论才被人们认识）不同，弥曼差比较看重知觉的可靠性，认为原子绝不比我们肉眼所看到的物体——譬如光中微尘更小。因此他们坚信有关实相的一种常识性观点；他们强调这一特点，是把认知本身接受为获取一种知识的可靠而有效的方式，这种知识存在于一个独立并外在于上述认知的世界中。已知的存在和认知应该被理解成行为，这些行为产生出一种在其客体中可以被认知的属性。因此，认知行为仅借助于认知发生的意义就展示出了多元世界的实相。

《吠陀经》是真实的

这种认识论所要求的并非认知需要证明——这是其他教派的方法，最明显的是佛教徒的认知理论——而是在遭遇对手的挑战时需要对手进行证伪。这样，他们就在试图加以辩护的《吠陀经》的合法性和仪式戒律方面把弥曼差派置于一个强势境地。祭祀仪式执行者的地位同样也建立起来,因为据说认知行为能揭示作为经验世界认知者永恒自我的存在。也就是说,这种执行祭祀仪式的认知不仅揭示了执行本身的独立存在性,也揭示了认知者的存在性:"我知 X" 这种认知是一种手段,它表明 X 和自我都具有自发的存在性。

这后两个相关的要点——凭借认知来确立自我和世界——对弥曼差派来说至关重要,因为他们相信《吠陀经》是体现在语言之中的永恒真理。他们坚信如下正统观念:《吠陀经》是没有创作者的。相反,它是自存的真理,认知之举不过是在揭示它的合法性,因为认知本质上是绝对可靠的。《吠陀经》是一部需要遵行的戒律,与这一性质相应,认知本身就是一项揭示性活动——凭借这些认知行为,作为认知者的自我与作为认知对象的外部世界就联系在一起。这种情形不但确立了《吠陀经》的合法性,还设法赋予《吠陀经》认知者以实相长久化之促成者的地位——这种观点对正统传统来说总是至关紧要的。

商羯罗的不二论

其他正统的思想家遵循跋达罗衍那的研究方法并诉诸他在《梵经》中对《奥义书》所作的概述,由此在需要获得有关宇宙的本质即梵的知识而非执行献祭仪式相关知识的语境下,理解了吠陀的戒律。有证据表明所谓的吠檀多思想家们拥有一道源远流长的谱系(《奥义书》就是吠檀多,或称《吠陀经》尾部)。但是,系统地强化了吠檀多思想并使之能与别人进行严肃辨论的,却是生活于 8 世纪的极具影响力的商羯罗。商羯罗最主要的作品是为跋达罗衍那的《梵经》所作的集注,该书详细阐述了作者所认为的对《奥义书》要旨的权威注解。他的主要非评注性作品是《示教千则》。商羯罗以《梵经》、《奥义书》和《薄伽梵歌》作为其创作的三个基本文本，其释经研究的目的是寻求将三者的教义融为一体——这就是所谓揭示真理的“三重根基”。

要掌握商羯罗关于吠檀多不二一元论的见解，即对主要见于奥义书中的本体论的“不二”理解，人们应该将《唱赞奥义书》的章节当成起点，其中提到：

> 太初之始，惟梵而已，存一无二……乃自思：允我为多，自繁自殖。
>
> （《唱赞奥义书》6.2.1–3）

另外还后有：

> 凭块泥制万物，切要须知：任何饰修，惟言语之别。释之曰：实相惟土而已。
>
> （《唱赞奥义书》6.1.4）

这些关键性的章节为商羯罗确立了两个基本点：不二一元的宇宙，其中的物质是梵；所有的变化都是表象——梵实际上不会变化。这种一元论是一种“果先存于因”（*satkāryavāda*）的形式，与我们在《数论》第七章中看到的不一样。此处的果不牵涉到任何物质因的实际改变，仅仅是多元性的外在表现。此种情形是“根据外在景象而定”，可称之为幻变（*vivarta–vāda*）。

然而，商羯罗还是不遗余力地要去确定一点，即纷纭表象确实具备世俗实相，即使它不是完全真实的。他引入了实相的两个层次：世俗实相和绝对实相——从而使自己被指责为“隐秘佛教徒”。商羯罗断然否认了这些指控，公开指责佛教教义的虚空与非本质性，并宣称梵的基本实相，即《唱赞奥义书》所称的**存在**，是宇宙的质料性物质。他声称，人最终的经验目标是获得梵之存在的知识，而不（仅仅）是由经验王国的认知所构建的非实体性知识。

商羯罗的不二论

商羯罗不二一元论的“不二”(*advaita*)给《奥义书》作出了不二或一元的本体论说明。万物皆梵，从而人之自我，即真我也就是梵，于是有一个著名的表达：梵我同一。对商羯罗来说，梵是不变的绝对本质，纷纭万象皆是外在的，并不真实。但是，这并不意味着，宣称经验世界的纷纭万象绝对不真实或不存在的观点就是正确的。确切地说，它仅是“世俗”的实相。商羯罗最常用的类比是，我们视之为蛇的东西，可能只是一条盘绕的绳子。这种情形发生时，虚假的景象对我们来说就是“真实的”，并且有“真实的”效果作用于我们。但是盘绕的绳子依旧未变，当经过错误的知觉审视时，这便被感知为“更真实”了。另一个相关类比更明确地把自我视为不变的梵的一部分：

> 自我经历重生和变化的观念好比一个人在下述情况下的(错误)经历：当一个人乘舟沿着有树的河岸前行时，从相对于舟中人的方向而言，树好像也在移动，于是自我好像经历了再生。
>
> (《示教千则》5.2—3)

商羯罗也强烈批评了数论派二元论思想的谬误，指出正理派和弥曼差派的多元实在论错将世俗多元论当成了绝对多元论，而且，所有这些错误的观点都与《奥义书》真实的（即商羯罗的）诠释相冲突。无论人们可能提出什么论点——合乎逻辑或是不合乎逻辑的——来证明自己的立场，在面对奥义书的诠释时这些论点全都错了。

支持商羯罗的不二论

自我，实际上，就是整个世界。

（《唱赞奥义书》7.25.2）

梵，实际上，在最大程度上就是整个世界。

（《蒙查羯奥义书》2.2.11）

人切莫仅凭逻辑合理就去挑战须由《吠陀经》来确知的事物。

（《梵经注》2.1.11）

对商羯罗来说，世俗实相的体验源于对绝对实相本质的无明。它不是不变的梵，而是无明，无明又是经验世界的起源和肇因。因此战胜无明、获得关于基本自我（真我）和宇宙本质（梵）的知识，就能从由于无明所导致的重生轮回中解脱出来。对于"万物皆梵，无明从何而来"这个问题，商羯罗回答道：从知识立场来看，如果"取消"了基于无明所作的思考，那么对知识之源的追问就不证自明了；从无明的立场来看，此问题无从回答，因为无明的起始这一概念只有从无明本身内部回答才有意义。

世俗世界对商羯罗至关紧要，这有两个关键的原因。其一，在此层面，吠陀才能揭示永恒真理。其二，在此层面，众生才能求得解脱的洞见。在与商羯罗的绳与蛇和岸与河的喻证（见120页的方框）极为相似而实际上更具说明性的思路中，现代不二一元论者是这样解释的：你梦到正被一只食人虎追赶，感到十分害怕，以逃跑来求生。除经历非常真实的恐惧之外，你的身体也会经受各种各样的生理变化，包括心跳加速、汗流不止。后来在你的梦中，一个没有被追赶的同伴向虎射击并将其杀死。梦中的枪声可能会使你惊醒，此刻你意识到梦中情境的现实性与你醒后情境的现实性是不一样的。但是你梦中被追赶与解脱出来的经历是从“较少（不太）真实的”现实性中推导出的。

商羯罗的不二一元论也许是印度“哲学”中最知名的哲学。早在1893年芝加哥举行的世界宗教大会上，一元论哲学的实践者辩喜首先将它作为“印度教”输入到西方，由此在西方被提出；随后这种哲学又在西方许多国家的各种研究中心，比如罗摩克里希那传道会被确立。因为它在全世界范围都受到广泛关注，不仅使得外部人士不知道它仅是印度众多思想流派之一而已，而且即使在印度次大陆的内部也不时有人将之提升为“印度正统宗教—哲学传统”。

罗摩奴阇：有神论者和哲学家

事实上，在众多“印度教”的日常信仰中，最具代表性的信条当属公元11世纪一元论者罗摩奴阇的教义思想。罗摩奴阇是虔诚教派毗湿奴派的一个狂热成员，该派虔诚信仰的目标是人身佛，这在圣典《薄伽梵往世书》的教派经文中有所描述。但

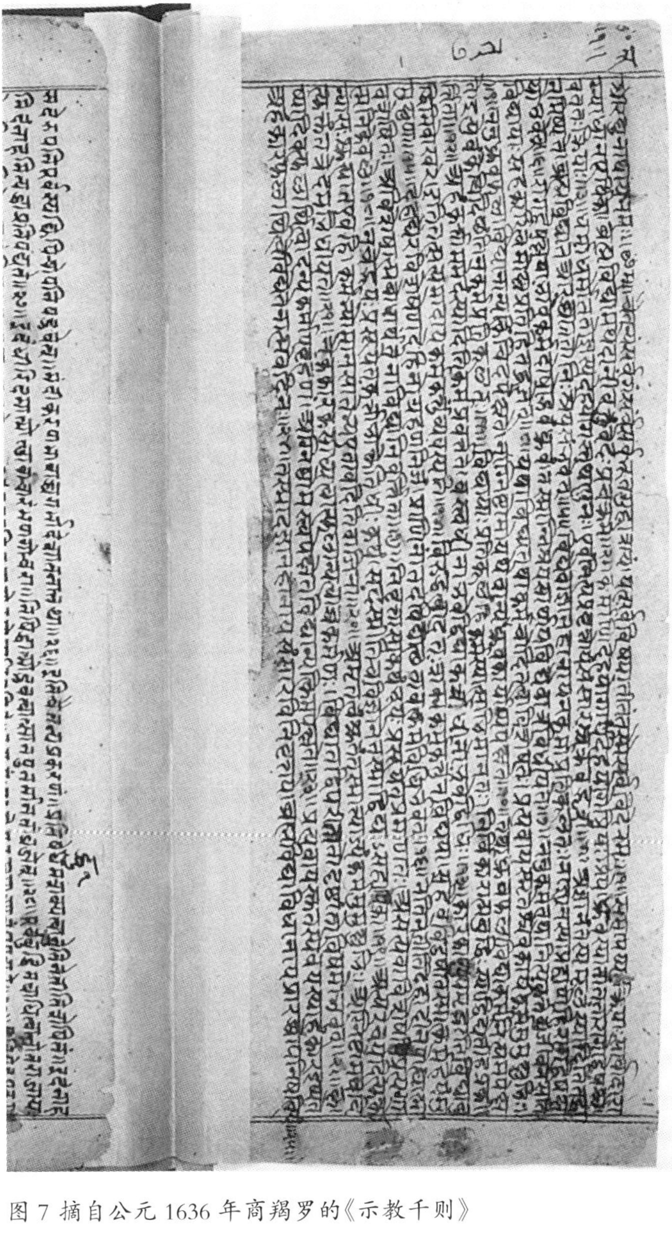

图 7 摘自公元 1636 年商羯罗的《示教千则》

摩耶—“幻觉”—与商羯罗的“实相两层次”

“摩耶”(*māyā*)这个词有时用在不二一元论哲学语境中,意指世俗实相是“不真实的”或是“幻相的”。虽然其他的不二一元论者确实使用该词,商羯罗却不用这个词。相反,他假定实相具有两个层次,一个是绝对的,一个是世俗的。世俗实相是无明的产物,即*avidya*。这意味着无明在我们居住的世界这个层面上是真实的,但是当无明为知识所取代时,实相就与世俗世界不一样了。

在《奥义书》术语里——应当记住,商羯罗首先是一个释经家——世俗实相是个“具德梵”(*saguna Brahman*),绝对实相是个“离德梵”(*nirguna Brhaman*)。这种表达在《白净识者奥义书》中能够看到。依据此书,在具德梵方面,和世俗世界一样,存在着一个人身佛。我们常常忽视商羯罗是个有神一元论者。他是人身佛的皈依者,但同时也坚持认为万象最后都归于一。关于存在人身佛的假定对一元论者来说已经与关于我们周围的多元性的假定同样不再是问题了:最终它都是梵,人身佛和世人万象皆是一样。

是罗摩奴阇还想确立其教派的正统地位,使其宗派具有高于其他派别的优势地位,并使他自己的教派信仰与行动“具有可信性”。他想通过商羯罗用过的正统文本的“三位根基”(跋达罗衍那的《梵经》、《奥义书》和《薄伽梵歌》)所提供的本体论与哲学教义,来确证《薄伽梵往世书》的神学从而做到这一点。

这样罗摩奴阇就处在既是释经者又是特定宗教主张拥护

者的地位上，因此他的教义需要调和其研究方法的两个方面使其一致。罗摩奴阇的系统思想被视为作为整体的吠檀诸见的分支，因为其思想认为《奥义书》具有中心地位；这种思想体系被称为毗湿奴派之限定不二一元论——该吠檀多论强调不二论点和殊胜(受限)之质。与商羯罗的绝对一元论不同，罗摩奴阇之梵的“一”存在于作为上帝的梵(一元论在毗湿奴派之限定不二一元论文学中强烈地反映为有神论)与作为皈依者的个体自我的关系中。罗摩奴阇利用先辈所使用的玫瑰与红色类比这个例子，来说明梵之本质存于此道：玫瑰对应于红色，梵对应于个体自我；玫瑰不能没有红色(或其他颜色)而存在，梵也不能无自我而独立。作为梵之本质的各个方面，它们彼此间都是内在固存的。另外，这些方面即使严格来说不是相同的，那也不是相异的：罗摩奴阇没有像胜论派和弥曼差派那样将它们分类区别开来，相反，他认为它们是内在的，永远紧密联系而不可分离，尽管它们有各自的特质。这就是毗湿奴派的真义：“受限的不二论。”

同样与商羯罗不同的是，根据罗摩奴阇的观点，梵不是不具胜质，而是具有完全胜质。此种观念的产生无疑部分是因为其宗派需要强调这些具胜之质，如同情、仁慈之类的梵的种种表现。此类胜质在《奥义书》某些部分有所提及，商羯罗最终将之融入在绝对一元论的框架下所建立的“世俗”层面的有神论中。但是罗摩奴阇将之视为构成宇宙的真实的活性材质：经验世界是梵之真实转化，它显示出在本体论上具有相同本质的胜质和万象。他猛烈地批评了商羯罗的幻变论(“外在景象”表示外显)，声称梵是经验世界的物质因，这在《唱赞奥义书》章节“梵乃自思，让我为多”中被描述为转变的外在表现，即转变论。

因果论——“果先于因”

因果论（*Satkāryavāda*）是认为不可能无中生有的创世论——“从虚无中进行创造”是不可能的。进一步说，在物质因里总有先存的东西，物质因除先有之物外不能创造任何别的东西。这种理论可以用不同的方法来诠释，比如，数论观就宣称显在的原质先存于暗在的原质，但是众多的神我也是独立而在的。这就是与本体二元论相关的因果论。然而，对绝对一元论者商羯罗而言，除了不变的梵，别无他物。所有外显与多元性都不过是外在景象，而不是实质变化，这可被称为幻变论（*vivarta-vāda*）——一种以“外在景象”表示外显的理论。相较此二种理论，罗摩奴阇的因果论虽像商羯罗的理论一样也是一元的，但他宣称梵实际上将自身转变为大千世界，此之为转变论（*pariṇāma-vāda*）——一种以“转换”表示外显的理论。

梵实际上是变幻的，活跃的，且与个体有关系。

释经家的逻辑

所有吠陀释经家，无论是重点关心仪式的本质与至上性，还是关注《奥义书》中的教义，都面临着一个资料的不连贯性问题，该问题贯穿于他们用以研究的文献汇编之始终。尽管释经家们坚信这些文献是恒久真理的记录资料，但是这些仪式手册和《奥义书》丛集的编辑经历了很长一段时期，大约一千多年。因此，如果它们没有经历颇大的变动，而且即便是粗略的研究也可证明情况确实如此的话，那可真是极不寻常的。这就使得

罗摩奴阇：梵具胜质

那些不加区分地维护实体教条的人(罗摩奴阇暗指商羯罗)对之只能提供无效的证据,因为用以获取知识的各种有效方法的客体相互间是有所差异的……因此实相相异,却具胜质……(同样)所有差异皆不真实的观点是完全错误的……诸如经文中"那就是你"(你就是宇宙)的表述并不是在传达未区分事物之同一性的意思,相反,"你"和"那"这两个词表明梵的特点就在于差异。

(罗摩奴阇:《梵经注》1.1.1)

至高之梵,是无数至祥之质的宝库,完美无缺,拥有无穷大的王国来彰显它的荣光,是至高恩赐、美德和宽恕之爱的海洋,是主要的实体存在,而自我则要从属于这种实体存在。

(罗摩奴阇:《吠陀义纲要》,引自约翰·卡曼 的《罗摩奴阇神学》,第152页)

那些不同释经方法能够被包容进来,相异的诠释在不同的领域也能具有说服力。根据所有这些释经家的观点,具有认识论确定地位(借助证明)的资料之属性,足以论证一个重要的方面,即众多印度哲学思想与西方世界所称的宗教世界观是不可分隔的。来自外部的批评通常在逻辑用词中体现出来,但是这些批评常见于在某个特定思想体系内部的逻辑,该思想体系的论点直指那些最终捍卫救世神学的世界观(诸见)。尽管出于思考的兴趣和为了与西方式的逻辑进行比较的目的,不同的逻辑论辩可以作为一个整体从印度教义背景中推断出来并从中剥离，但是古典的印度教义背景却都是一个整体，因为其中不存在上述形式上的分离。

跋

从古代经典思想到现代

伴随着丰富的论辩传统，前基督时代希腊哲学的鼎盛时期在随后的世纪里走向了衰落。同样情况，印度思想的"经典"时期也渐渐地走向末路。与我在本书中所述一样，如果把印度传统的最初期阶段也囊括进来，那么，它令人惊讶地繁荣了一千五百年，并伴随着公元第一个五百年内的宏伟业绩与其丰富多样性。幸存至今的经文与记录都证明了许多其他的经文或早已遗失，或未被发掘，或还未得到考证，但这正说明了印度哲学遗产中原创思想与论辩的丰富多样。许多材料的遗失无疑部分是由于在印度几乎没有或者根本没有翔实记载史料的传统，如记载历史人物、史实、事件以及为历史记载所保存的资料。许多我们现在所掌握的幸存下来的材料除了一个名字之外几乎没有附带任何哪怕是作者和出处的信息。这给学者们带来了巨大的工作难题，他们已经做了许多学术性工作来尽力把传记材料与年代历史顺序整合起来，在编辑、翻译的基础上还尝试着准确地把它们与历史背景联系起来。然而，还有更多的难题有待解决，比如：要理清某些思想流派的创立、延续和传授的地理方位，解析其如何以及在何处传播，除了一个大致的时期范围外这些流派还做了什么，或确切地了解是谁撰写了哪部著作。有时一部经文上除了一个名字外什么也没有。因此,关于印度传统中的传承性问题,关于我们所知的两个阶段“之间”所发生的事情,或者是某些关键性阶段或更为确定的事件“之前”或“之后”所发生的,我们对此都一无所知。

本书中所沿袭的大体年代顺序的整合工作多是由印度学领域的先驱专家学者们完成的。作为一门学科,印度学开始于19世纪,当时一部分西方的传教士和旅行学者掌握了梵语,并开始编译印度经文。当然,错误在所难免,尤其表现在以“西方/基督教的眼光看待印度经文”这类研究中。不过,在使西方人接触到印度思想这一点上,这些早期的工作作出了巨大的贡献。这项工作仍在世界范围内继续着,但相对而言,印度学还是一门小学科,仍有大量的资料有待进一步研究。

就印度自身而言,在没有外来者学习梵语之前,仅有极少数精英熟悉其宗教哲学材料:梵语最初是婆罗门教的语言,随后才成为有知识的“思想家”的语言,这与中世纪欧洲的拉丁语较为类似。在经典时期衰退之后,一些具体的哲学传统在有些地方得以保留,尽管交流的范围趋于狭窄。其中一个我们所知道的是正理派思想的一支“新”流派,经典正理派由此得以发展、批判、诠释,并在此基础上写成了许多经文。另外,婆罗门教的传统主义者继续研究并保存了帕尼尼的语法。然而,坚守信仰的传统却得到进一步繁荣,更具影响力,像罗摩奴阇就是一个这样的坚守者。其中有些人(尤其在湿婆派中)把他们的有神论信仰视为一种博大精深的形而上体系,但是,这些理智上的事务只不过是引起了极少数人的兴趣而已。虽然商羯罗成为一个遗产中心,在此人们把他的哲学付诸实践,但这也只是宗教仪式而并非论辩与阐释的论坛。其实,佛教仅在印度之外遗存下来，比如在中国、日本、斯里兰卡、缅甸以及泰国。佛教学者仍继续在他们自己的佛教派别内探讨着深奥的哲学问题，但这种传统在很大程度上仍是一种宗教。

在许多方面，正是外来人的兴趣激发了在许多印度传统中不太"流行"的自我意识的复苏。看到其他人在学习梵语，在搜寻和编辑经文，在试图了解印度思想的历史，这促使印度人重新燃起积极主动的兴趣来研究他们的经典传统，其中有些人就是要像过去一样刻意地来发扬他们自己独特的传统文化。这种情况尤其表现在商羯罗的吠檀多不二论上，因为，此派别成功地以简单的形式来表达自己，并让西方人理解与接受。实际上，这种形式主要符合了西方人的兴趣，他们关注的是其中的耶稣救世学。在印度也同样，商羯罗所关心的很大程度上也是实践方面的内容。

在印度，一直是教育机构（其中许多是在 19 世纪由英国人创建的）提供了历史背景，在这种背景中印度哲学在 20 世纪再次得以繁荣。印度和西方的专家学者联手研讨经典经文，在大学院系中关于印度不同思想体系的相关特点、它们的内在关联性、体系之间论辩的有效性和不同方法论的优缺点都得到了探讨。从广义上看，这些探讨涉及各种学科，正如学者从不同的角度来接近这些材料。文献学家、历史学家，宗教专业的学生和哲学家都各自提出了不同的问题，从不同方面参与了当代的论辩。

然而，由于受到西方行事风格的影响，也有一种倾向要把理性论辩意义上的哲学从包含更多宗教内容的背景中剥离出来。因此与在西方一样，在印度，印度哲学在特定意义上已成为主要关乎逻辑和语言分析的一门学科。为了能够在现代西方哲学的国际舞台上被认真对待，它必须对那些西方哲学家感兴趣的观念展开论辩。有些哲学家主要受到正理派与佛教经文的启发，把学术生涯致力于以严格的逻辑辩论模式来发扬印度哲学——目的就是要克服西方人关于印度思想是“神秘的”、“魔幻的”和非理性的这种误解偏见。很多人曾认为（如今仍有许多人这样认为）理性仅属于西方人。虽然任何成功地克服此种误解的行为都值得鼓励，但我们也希望不久以后职业哲学家会更愿意对印度逻辑得以发展的更为宽阔的文本语境及其得以发展的原因给予重视：脱离语境的完全抽象化是整个西方的文化现象。随着从根本上对印度哲学中现实本性的关注，比这更为深奥的是经典印度的世界观。

索引

（条目后的数字为原文页码）

A

B

C

D

H

I

J

K

P

Q

R

S

V

W

Y

Sue Hamilton

INDIAN PHILOSOPHY

A Very Short Introduction

Contents

List of illustrations

Preface

Indian philosophy in 35,000 words? Many would consider it impossible! And it is certain that of those who might be persuaded to attempt it, no two would handle it in the same way. My own approach to the diversity of the material for the purposes of this book is explained in Chapter 1. In any case, the primary aims of a very short introduction are to give a flavour, to lead the interested reader into a larger and more complex topic than the book can cover comprehensively, to make such a topic accessible to the beginner. These have been my guidelines. I hope that this book is also thought-provoking, both in introducing very different ways of thinking about the world we experience, and in the sense of nudging those who are interested towards further investigation of the subject. To this end, a list of recommended further reading is included at the end of the book.

When discussing philosophical thought in an introductory way, and working from non-English texts, one has to deal with two practical problems: the need to use technical terms associated with philosophical issues, and how best to translate key words and textual extracts. Technical terms I have tried to keep to an absolute minimum, but explanatory text boxes have been given where their usage is important enough to require the beginner to acquire familiarity with them. It should in any case be remembered that the terms themselves are less important than gaining an understanding of what they are referring to.

When it comes to translating, sometimes a key word is not translatable into meaningful English, and in such cases I have left it in its original Sanskrit or Pāli. I would ask the reader not to be put off by the unfamiliarity of these words. Most disciplines and subject areas – such as Latin, Greek, and works on other major linguistic or cultural traditions, mathematics and physics, and nowadays technology and computing – require the accepting and learning of a few key terms that initially might seem alien. In this book, the number of untranslated words is small, and in each case I think the clear context in which they are used will help the reader understand them.

When it comes to quoting longer extracts from primary texts, a greater problem is how literally one translates them. Not only does faithfulness to the grammar and syntax of the original frequently result in awkward and stilted English, and not only do many component words simply not have a meaningful English equivalent: it is also the case that literalness often fails to convey the point of what was being said. On balance, I think it is preferable to attempt to transpose original passages into meaningful English wherever possible. I have therefore tried to use ordinary English in contemporary style, and in the interests of clarity have not refrained in some cases from paraphrasing rather than more formally translating. My purpose overall has been to convey the conceptual point(s) of the extract as clearly as possible. If they wish to, readers may consult other published translations of the texts either for comparison or for alternative treatments of the material. In this book all translations or paraphrases are my own unless otherwise stated.

I would like to thank George Miller of Oxford University Press for inviting me to write this book, and for his gentle guidance and suggestions. Thanks also to Tracy Miller for invaluable advice during the editing process. And I am particularly grateful to King's College, London for allowing me to take sabbatical leave to write this book at a time when all academics are under enormous pressure to publish quantities of 'primary research'.

Very many thanks, too, to Muriel Anderson, Cecilia Storr, and Gay Watson for generously giving their time to read and comment on the draft manuscript. I accept full responsibility for the final version. To Richard Gombrich, colleague and friend, thank you for untold advice, criticism and support, not just in respect of this one project. And to Clare Palmer, for so long a wonderful sounding board and exchanger of ideas and thoughts, page 107 is especially for you.

A Note on Languages and Pronunciation

Two languages used by the Indian tradition are referred to in this book, Sanskrit and Pāli. As is explained in early chapters, the tradition began when people who called themselves Aryans migrated from central Eurasia into the north of India, by way of what is now Pakistan, many hundreds of years BCE. The language in which they preserved their ritual practices was Sanskrit, which at a later date was codified into its 'classical' form by a grammarian called Pāṇini (see Chapter 4). In the history of languages, Sanskrit is known as 'old Indo-Aryan', and it is the language in which most Indian philosophical material was written. Over time, alongside classical Sanskrit, variant and more vernacular forms of the language emerged, now collectively known as 'middle Indo-Aryan' languages. One of these is Pāli, the language in which many of the earliest Buddhist texts are preserved. The close link between the languages is illustrated in the Sanskrit word *dharma*, which is *dhamma* in Pāli; *nirvāṇa* becomes *nibbāna* (or 'nirvana' in its Anglicized form).

Both Sanskrit and Pāli are phonetic languages based on the same alphabet. This is somewhat longer than the Roman alphabet with which we are familiar, and many of the extra letters are represented with what are called 'diacritic marks': for example ā as well as a; ñ, ṇ, and ṅ as well as n; ś and ṣ as well as s. Sometimes one finds English works transposing, say, ś into sh, because this is how ś sounds. Pronunciation is more accurate, however, if the diacritic marks are retained, so I have chosen to use the full Sanskrit and Pāli alphabet in this book.

Familiarizing oneself with the pronunciation can help in overcoming any initial feeling of strangeness, so here are some pronunciation guidelines.

a	short, as in h*u*t
ā	long, as in nirv*a*na
i	short, as in h*i*t
ī	long, as in f*ee*t
u	short, as in p*u*t
ū	long, as in b*oo*t
e	sounds like m*ay*
o	sounds like r*o*pe
ṛ	as in p*r*etty
s	as in *s*it
ś, ṣ	variations on *sh*
ñ	as in ca*ny*on
ṅ, ṇ	as in *n*ot, with n sounded with the tongue at the back of the palate
t	as in *t*ea
ṭ	as in *t*ea, but with t sounded with the tongue at the back of the palate
ṃ	as in ha*ng*
k, g	always hard – as in *k*ill, *g*ull
c, j	always soft – as in *ch*ill, *j*ug
h	is always sounded – as in up*h*ill (so Budd*h*a)
r	is always sounded, as in Irish or American English (so ka*r*ma; *kāma* means 'desire' – as in Kāma Sūtra)

Practising on a few examples can help in the familiarization process, so try the following:

ṛṣi, Himālaya, dhamma, saṃsāra, Nāgārjuna, Bhartṛhari, ānvīkṣikī, ātman, Mīmāṃsā, *darśana*, *mokṣa*, Vaiśeṣika, Śaṅkara, Sāṃkhya, Viśiṣṭa-ādvaita-vedānta

Chapter 1
Reason and Belief

Richness and diversity in Indian thought

India has a long, rich, and diverse tradition of philosophical thought, spanning some two and a half millennia and encompassing several major religious traditions. Religion in the context of philosophy is particularly significant because traditionally in India it is believed that the role of philosophizing, in the sense of attempting to understand the nature of whatever it is one is focusing on, is directly associated with one's personal destiny. So philosophy is seen not in terms of a professional intellectual pursuit that can be set aside at the end of the working day, but as an attempt to understand the true nature of reality in terms of an inner or spiritual quest. One might say that what Westerners call religion and philosophy are combined in India in people's attempts to understand the meaning and structure of life – in the broadest sense. This is comparable more with the approach of Socrates than with religion as faith in revelation and philosophy as an academic discipline.

Thinking and Believing

This point about the nature of Indian philosophy is an important one to grasp at the outset, so it is worth exploring it further. In the West, certainly since the great German philosopher Immanuel Kant separated God from what he thought could be learned about the nature of things by means of reasoning, there has been a clear divide between philosophy and religion. Religion has been seen as a field in which 'leaps of faith' are not just permitted but sometimes *required*; primacy may be given to what certain people state to be the case simply because of who they are (that is to say, what they say is taken as true regardless of whether or not it is demonstrably, or even arguably, true); and varying degrees of 'otherness' are found, such as a transcendent God, beings whose status and/or knowledge is in some sense superhuman or supernatural, and/or various kinds of superhuman or supernatural power source(s). All or any of such factors are 'believed' by adherents of the different religious traditions, either unquestioningly or within a questioning framework, and as such these people are known as 'believers'.

A key point for believers is that they also believe that practising their religion is directly linked with their destiny. The details of this relationship vary. Some think their lives here and now are affected by their religious beliefs and practices. Others think the effects are experienced only after death. Some believe that what happens to them now and/or after death is brought about directly by their own beliefs and practices, some that their destiny is entirely in the hands of whatever transcendent, superhumanly powerful 'other' they believe in, and some that it is a combination of these two. However the details are understood, the existence of this relationship between religious beliefs and practices and the individual's destiny – particularly after death – is why religions are referred to as soteriologies, or 'systems of salvation'.

> ***Religion as soteriology*: from the Greek word *soter* meaning 'saviour'. In common usage, it is not necessary for a system to hold that there is an actual saviour figure for the system itself to be termed a soteriology. The key point is that the destiny of the believers in question is thought to be directly connected with their beliefs and practices.**

In contrast to this, since Kant the discipline of philosophy has been primarily concerned with the investigation of what can be known of the nature and structure of reality by means of rational argument alone. That is to say, whatever specific topics philosophers concern themselves with, the way they do it must be logically watertight: no leaps of faith are permitted, no one's word is privileged over rationality, and no part of the exercise is anything other than a human intellectual endeavour. Furthermore, philosophizing, whatever it is about, is considered purely as an intellectual end in itself, and may have no effect on one whatsoever. Philosophy is simply not soteriological – indeed, that is an important aspect of what distinguishes it from religion.

Two things are notable about this divide between religion and philosophy. The first is that, in spite of their differences, the two fields share a number of common interests. The second is that even in the West the distinction between the two was not always so clear cut. The commonality lies in the fact that both religion and philosophy are fundamentally concerned with the nature of reality. As an example, let us consider a religion with the following teachings: there is a being that it calls God, that is wholly transcendent of the cosmos as we know it; God is the creator of all things; the created realm includes human beings with eternal souls; one's behaviour has an effect on one's afterlife. Even from this minimal amount of information we know that according to this religion, reality is comprised of two absolutely distinct kinds of being (in this case, God, and not-God), and that there cannot be anything else, because God is the creator of all things. We also know that at least part of what is not-God is both plural (all the individual souls) and everlasting. Less abstractly, this last point tells us something important about the nature of human beings, in themselves a part of reality that might be comprised in any of a number of ways. And in addition to this, we know that some kind of system of causation links present behaviour to an unknown future mode of existence.

Even though there are many other aspects of the nature of reality one might be interested in knowing, and about which the religion might also have something to say, and despite the generality of this example, what we have here deals with two of the key issues with which philosophy is also concerned: how reality is fundamentally constituted, and the nature of the human being.

Another issue of common concern to religion and philosophy is how one arrives at knowing the answers to such key questions. If, in the case of our hypothetical religion, the teaching is given by a superhuman being whose word is accepted as true by believers, then one's knowledge is acquired through 'revelation', or what might be called 'verbal testimony'. In fact, we all rely on verbal testimony a great deal in our everyday lives. Those of us who have never travelled to Antarctica, for example, accept as true the account of those who have seen it that it is where the maps locate it. That childbirth is painful is accepted by those who have not experienced it on the word of those who have. And all of us regularly learn of all kinds of things on the basis of the testimony of news reporters, teachers, writers, scientists, expert researchers, and so on. In everyday situations, the information acquired in such a way can, at least in principle, be checked. What makes the religious situation different is not the means of knowing, but that the topics are not open to being checked. So the information given by the religious teacher can only be accepted on trust, or 'believed'. A philosopher would consider this uncheckability unacceptable and would not regard such information about the nature of reality as valid. Working on the same topics, a philosopher would rely only on processes of knowing that are rational or logical. The discipline of philosophy thus specifically concerns itself with what are known as the 'limits of knowledge'. That is to say, it seeks to establish the criteria according to which data can and cannot legitimately be understood to be valid knowledge. Theories of knowledge (how we know) are referred to as epistemology.

With regard to the second point mentioned above, that there was not always such a clear-cut separation of what is religious and what is

Of interest to both religion and philosophy

Metaphysics concerns the nature of reality as a whole. It questions how reality is fundamentally constituted, and the types and natures of, and relationship between, any constituents there may be. The world/universe/cosmos, human beings, other beings, and causation are all important areas of interest.

Epistemology (from the Greek *episteme*, meaning 'knowledge') is about means of knowing. Common means of knowing include logical argument or reasoning, inference, testimony, perception.

philosophical, the Western philosophical tradition began in pre-Christian Greece, in a milieu and at a time when many were seeking to know more about the nature of reality. The aim and purpose then was to achieve wisdom in this respect, and any relevant insight was conceived of in terms of becoming wise: hence philosophy – 'love of wisdom'. Philosophizing incorporated no concept of soteriology as we understand it. But the various hypotheses about the nature of reality put forward by the great Greek philosophers nevertheless covered issues that might also be found as part of religious teachings. They concerned themselves with the nature of the world and the human being, and of the importance for the human being of seeking to become wise. This was seen as the highest possible activity for a human being, which should be aspired to if at all possible. Suggestions were also made, notably by Socrates, as to how one might combine the quest for wisdom with living an optimally good life.

After the Greeks, Western philosophy in the Christian era was for many centuries dominated by people who were also profoundly religious, and who were seeking to understand more about 'God's world'. Philosophers of great original insight and influence such as Augustine, Anselm, Aquinas, Descartes, and Hegel were all practising Christians, and sought to resolve rather than separate religious and philosophical issues. While the interests of these great thinkers were extremely wide-ranging, one issue that was of particular concern was how God fitted into the structure of reality. The existence of God as understood by the Christian tradition was taken as axiomatically true as an article of faith, but attempts were also made to establish his existence by means of rational argument. In this way, faith would be in harmony, rather than at odds, with reason. It was also argued, notably by Descartes, that the nature of God was such that one might safely rely on his assistance in overcoming the limitations of reasoning alone. Faith thus combined with reason in the quest for understanding, and indeed extended the possibilities of understanding. Such philosophers were well aware of what they were doing, but believed their approach a wholly legitimate one. The first philosopher in the Christian West seriously to question the legitimacy of mixing faith and reason in the quest for knowledge was Kant. Kant insisted that what one could know for certain was strictly limited to what could be ascertained by means of reasoning, and this did not include anything to do with God. As a devout Christian, Kant believed God existed. But he separated that belief from philosophical logic, and stated that one could never have certain knowledge about issues of faith; these were and would always remain beliefs, and certain knowledge was the province of philosophy.

Thus the Western philosophical tradition nowadays purports to concern itself only with certain knowledge and investigates only those issues that can be considered by means of logical argument. So rigidly has this methodological criterion come to be imposed that since the early 20th century the majority of philosophers have not concerned themselves with big metaphysical questions such as What is there? What exists? What is the absolute truth about the nature of reality? Some would say that addressing such questions involves deductions too speculative to be safely within the bounds of possible intelligibility and so the issues are best left alone. Others maintain that questions relating to anything that might extend beyond empirical human experience are intrinsically nonsensical. Modern philosophy thus tends to be concerned with detailed and technical questions about kinds of logic and linguistic analysis. Topics such as ethics and goodness, that earlier philosophers had discussed in the context of how they should live their own lives as they sought wisdom or understanding, tend to be considered and argued for as intellectual abstractions. Professional philosophy has become separated from the personal quest, and for many philosophy per se is understood only in this modern sense.

In approaching the origins and development of the Indian philosophical tradition, one needs to understand the role of philosophizing more in its traditional or original sense, as described above, rather than as it has come to be understood in the modern period. Philosophy in India is about seeking to understand the nature of reality. Furthermore, the point of doing this is that it is believed that understanding reality has a profound effect on one's destiny. For some the goal is straightforwardly soteriological, for others less so; but for all it is what we would call a spiritual undertaking, an activity associated with a religious tradition. Indeed, the distinction we make between religion and philosophy would simply not have been understood in India until very recent times, when Western missionaries and academics began forcing apart the various features of the Indian traditions in order that they might more readily be accommodated within their own Western conceptual framework.

Before elaborating some of the features of the Indian context, a word of caution: perhaps because of the overlap between philosophy and religion in India, there is a tendency in the West to regard its thinking as 'mystical', even 'magical', in contrast to the 'rationality' of the West. This is a mistake. Such a view derives from romanticizing thought-systems that originate elsewhere and present themselves differently, and attributing various 'exotic' connotations to what is merely unfamiliar. There is in fact a strong tradition of rational argument in India, and this has been as important to the proponents of the various systems of thought there as it has been to the great philosophers of the West.

Westerners approaching the Indian tradition for the first time, whether their interest be primarily in religion or in philosophy, are faced with two equal and opposite problems. One is to find something graspable amid the apparently bewildering multiplicity; the other is not enforcing such a straitjacket onto the material as to overlook significant aspects of the diversity. The classic example of the latter is 'Hinduism': because of the existence of the name Hinduism, Westerners expect to find a monolithic tradition comparable to other 'isms'. They remain baffled by what they find until they discover that Hinduism is a label that was attached in the 19th century to a highly complex and multiple collection of systems of thought by other Westerners who did not appreciate that complexity. Imagine the area covered by Europe and the Middle East at the time of the beginning of the Common Era – and suppose that outsiders had attached a single label to 'the religion' of that time and area. This will give an idea of what happened when 'the religion' of India was labelled Hinduism, and the extent of what needs to be unpacked to understand the tradition in its own terms.

But just as the many different aspects of European and Middle Eastern religion and thought have certain common origins, themes, and structures, and just as they to a great extent share a worldview and conceptual framework, so this is the case in India. What one has to do in order to unravel the complexity and make it graspable, then, is to find those common origins, themes, and structures, and to familiarize oneself with the worldview and conceptual framework within which Indian thought operates. Fortunately for such an enterprise, India has its own equivalent of an ancient Greek period, when its philosophical tradition began. Though these early Indian thinkers were drawing on and developing even earlier ideas and material, some of which we know about, it was during the 5th century BCE that clearly identifiable schools of thought began to acknowledge each other, interacting, debating, seeking to refute, and sometimes merging. It was from this period that different approaches coexisted, some remaining within the tradition that some two millennia later was retrospectively labelled 'Hinduism', and some establishing other traditions, such as Buddhism and Jainism. This early period will be the subject of Chapters 2 and 3.

Insight of the Truth

Traditionally, an Indian philosophy is referred to as a *darśana*, and this term itself gives us some indication of an underlying aspect of the worldview and conceptual framework within which Indian philosophical thought operates. Darśana literally means 'view', in the sense of having a cognitive 'sight' of something. What is implicit in this is that what is 'viewed' or 'sighted' is the truth about the nature of reality, and this reflects the fact that understanding the nature of reality is the aim of philosophizing in India. The original teachers associated with specific darśanas were referred to as *ṛṣis* (rishis), which means 'seers'.

Leading on from this, the term darśana also indicates that it is widely accepted that human beings are able to gain an actual sighting, in the sense of experiential knowledge, of metaphysical truth. Insight, or wisdom as it is sometimes called in English, in Indian thought is not restricted to intellectual knowledge. While rational argument and intellectual debate play an extremely important part in the philosophies of India – in some, almost to the exclusion of other factors – it is also accepted that, by means of mental disciplinary exercises of various kinds, one's cognitive perception can be developed and changed so that one can see in ways that transcend what one is 'normally' capable of. We shall see that some specific darśanas base their teachings and arguments on what ancient seers have stated to be the case from their own metaphysical insights, and the testimony of those seers is taken as having absolute validity – as valid as if one had seen it for oneself, or as if the point had been arrived at by means of logical argument alone. For others, the point is that the teaching of the darśana is such that anyone following it should themselves be able to 'see' the truth it teaches. In principle, the ability to gain metaphysical insight is thought to be a universal human characteristic; it is not that those who claim to do so are regarded as in some sense superhuman. Reorienting one's cognitive faculties so that such insight is possible is the rationale underlying the practice of yoga, and the resulting insight is called yogic perception.

This is one of the most profound differences between the worldview in which Indian thought operates and the worldview of the West, and perhaps the one that Westerners find most difficult to empathize with. It is perhaps because of this that Western philosophers tend to focus only on those aspects of Indian philosophy concerned with issues of logical argument, and it may also have contributed to why others attribute magical or mystical qualities to Indian thought. From the perspective of the Indian worldview, though, the possibility of changing one's cognitive perception is something to be regarded as systematically possible by means of regular disciplinary exercises in a manner not all that different from systematically acquiring the ability to play a musical instrument. Both require long-term perseverance and practice and involve the fine-tuning of various aspects of bodily and mental coordination. There is nothing magical about either – both are regarded as skills.

Karma and Rebirth

Karma and rebirth are other characteristic aspects of the Indian worldview. Karma is the Anglicized form of the Sanskrit word *karman*, which literally means 'action'. Implicit in the way the term is used is that actions have consequences, and karma refers to this action–consequence mechanics, operating as a natural law. The term itself is entirely neutral and different traditions append values to it in different ways. Similarly, the locus of the action–consequence mechanism varies in different traditions. The rationale of karma as actions having consequences originated in the actions associated with sacrificial rituals, the performance of which was believed to bring about certain specific consequences that contributed to the optimum functioning of the cosmos. The ritual actions to which consequences were linked were either physical or verbal (making a sound was an 'act'), and accuracy was essential if the mechanics were to be efficacious. Thus what made an action right or good was its correctness, and the values associated with such an understanding of karma were not moral ones.

By the 5th century BCE, alongside this earliest understanding of karma, it was also being taught that living one's life according to duties prescribed by religious teachers – the 'acting out' of duties: including, but not limited to, the performing of sacrificial rituals – would have beneficial consequences for individuals themselves. At this stage, karma came to be associated with the idea of rebirth, as it was believed that the consequences, positive or negative, of how one had performed one's duties, might be experienced in any one of many future lives, the conditions of each of which would be determined in this way. As with karma as ritual action, the linking of consequences to the performing of prescribed duties also carried a value criterion of correctness and not morality. At a later stage in the development of this branch of the Indian religious tradition, this point was emphasized when important teachers reiterated that it was better to do one's own duty badly than another's duty well; and better unquestioningly to do one's duty, however seemingly amoral it might be, than to neglect it on the basis of moral principle.

Other interpretations of the mechanics of karma that were taught during the 5th century BCE included those of the Jains and the Buddhists. The Jains stated that all actions – which they classified as verbal, physical, and mental – caused particles of matter to stick to one's soul, and it was this that weighed it down and kept it being reborn in the cycle of rebirth. Because Jains also believed that one should strive to free one's soul from this predicament, their teaching implied that all karma is bad karma: there can be no 'good' consequence of an action. In contrast, according to the Buddha the operating of karma is radically moral, in that what brings about a consequence is one's intention. As far as the law of karma is concerned, one's intentions, the Buddha stated, *are* one's actions: it is not what one does outwardly and visibly that counts but the state of one's mind. So here the karmic mechanism is not located in what is normally meant by 'actions'.

Karma, then, is the operation of an action-has-consequence mechanics. While it is differently interpreted by different schools of thought, it is nevertheless a fundamental part of the Indian worldview as a whole, accepted by all but a relatively small school of radical materialists. And since the 5th century BCE the notion of karma has generally been associated with the belief that individuals experience successive rebirths. The action–consequence mechanism acts as the fuel of the continuity of rebirth, and the specific conditions of each rebirth are linked to the specifics of earlier actions.

This aspect of the Indian worldview is important for us to grasp mainly because of the way in which it is associated with insight into the true nature of reality. Most Indian systems of thought teach that gaining such insight brings about the liberation of the individual from karmic continuity. This is the main aim and purpose of the philosophizing imperative and why 'philosophy' is associated with 'religion'. In presenting its 'view' of the truth, each darśana is as it were describing what it is that its practitioners will 'see'. And the importance of the goal – what Westerners would call 'salvation' – explains why each school of thought considered it so important to establish the coherence, validity, and efficacy of its teachings.

Complexity and Variety: Choosing the Content

The polemical environment that evolved over time, in which competing worldviews were debated, was highly complex and original, multi-stranded, and varied. This means that in a very short introduction difficult choices have to be made as to what is included and what omitted. Notable omissions in this book include Jainism, mentioned above. Mahāvīra, the founder of Jainism, was a contemporary of the Buddha. His teachings were original and interesting, and the tradition has not been without influence in the Indian religio-philosophical tradition, but the omission can nevertheless be made without doing violence to the broader tradition as a whole. The Cārvāka tradition, which systematized a materialistic school of thought, is also omitted, except in passing. Its importance lay in its formulation of challenges to opposing schools of thought, and it made interesting contributions to the milieu of philosophical debate. As with Jainism, however, omitting extensive discussion of it does not raise problems in understanding the broader picture. Another major omission is Śaivism. Śaivism represents an important, sophisticated, and highly influential strand of Indian thought, but it embraces so extensive and internally various a field that a very brief treatment of it would serve only to distort it.

As well as omitting these important traditions, a book of this nature does not allow for any detailed account of the way each of the various philosophical schools of thought developed and branched internally over time, usually as a result of different interpretations of their own seminal ideas and key texts. This was extremely common in the polemical climate in which the traditions flourished, as adherents of each school sought new ways of rejecting the claims of others without diverging from their own primary sources. The nature of these sources also meant that different interpretations of them were in any case likely. Often this was because they were recorded in very brief and/or cryptic style, requiring an expert or teacher to pass on to a student their full meaning. Sometimes, for example in the case of schools of thought based on exegesis of texts called the Upaniṣads, it was because the textual material was so extensive that different approaches and differences of emphasis produced quite different overall interpretations. Where the key features of major branches of a tradition can be clearly and concisely presented, these are included. But for an account of the vast majority of detailed developments the reader is advised to consult a more comprehensive work.

> ***Exegesis*** **is the interpretation of textual material. Different exegetes might interpret the same material differently. That is, they might each claim a different meaning from the same text or passage. This allows for the subsequent drawing out of sometimes very different implications from the same core source.**

What this book focuses on is, first, an account of the period during which the Indian religio-philosophical tradition identifiably began, the 5th century BCE, and the key features of the dominant ideas and practices of the time. Why certain issues emerged as being of crucial importance to particular schools of thought is discussed, helping to contextualize the way different schools either focused on different things and/or why they shared concern about common factors, while interpreting them differently. This paves the way for an understanding of how and why polemics became central to the way the tradition subsequently flourished. We shall see the purpose of the polemics, the points of controversy and dispute, the establishing of methodological criteria, and the importance to each tradition of arguing its case.

The following discussion presents a broadly chronological ordering of the ideas represented, so that developments can be understood in their context. The earliest traditions and schools of thought discussed in some detail are the Vedic sacrificial religion and the ideas and practices recorded in the early Upaniṣads. Not only do these represent the twin 'arms', so to speak, of the religion of the brahmin priests of ancient India, but they also provide the primary source material for several subsequent philosophical schools of thought, as well as the ground on which was based the need to establish the fundamentals of philosophical debate. Furthermore, it was against the hegemonic orthodoxy that this tradition established very early on that others reacted, putting forward counter-ideas and teachings. Notable among the latter was the Buddha, who lived for 80 years during the 5th century BCE. Because there is little Buddhism in India today, and nor was there at the time when the religious traditions of India were labelled 'Hinduism', the role of Buddhism in the Indian religio-philosophical tradition as a whole is often not appreciated. For more than a thousand years after the lifetime of the Buddha, Buddhism thrived in India, and from the beginning it played an enormously important and influential part in the challenging of the views of others and the flowering of different ideas. It in turn was strongly criticized by others. Chapters are devoted both to the early period of Buddhism and the way Buddhist ideas were first put forward, and to the more scholastically and/or philosophically systematic developments in Buddhist thought that emerged over the following centuries.

Over time, several schools of thought whose origins and associations are directly related in one way or another with the Vedic-Upaniṣadic tradition of the brahmins became recognizably systematized. Six gained prominence and have come to be called the six classical darśanas of India. Often they are called the six 'Hindu' darśanas, and while the label 'Hindu' is anachronistic and will not be used in this book, it does serve to distinguish them from Buddhist and other traditions, such as Jainism, which do not share the same direct lineage. What makes Buddhism and Jainism separate traditions in their own right was their outright and total rejection of the authority and teachings of the brahmins and the claims the brahmins made regarding the status of their primary sources. In contrast, the propounders of the six classical darśanas, while

Ontology

Ontology is concerned with being: it is about what there is. This can be a response on any scale from the microscopic to the cosmic to the question What is there? However one approaches ontological (what is there?) issues, the point is to ascertain the 'status of being' of what there is. This is called 'ontological status'. If one considers, say, a park as experienced in a dream and the supermarket where one does one's shopping, one can readily see that these two have different statuses of being – their ontological status is different. Similarly, an oasis seen in a mirage is of a different ontological status from an oasis one can locate by means of a map reference. Whatever there is has an ontological status. This need not be immediately obvious: during the dream or experience of the mirage, the park and the oasis seem to have the same status as the supermarket or map-referenced oasis. But in fact their status is different, and this difference can be understood in terms of reality. The supermarket is 'more real' than the dream park; the map-referenced oasis is 'more real' than the mirage. But the dream park and mirage do also have some kind of reality or status: they are experienced 'as real', and it is only with hindsight that one realizes they are 'less real' than other experiences. In the context of a worldview or philosophical system, its ontology is what it says there really is – even if we cannot immediately discern it – independent of any possible mistaken interpretations on our part of the dream/mirage kind. Through the ages in East and West, many different ontologies have been put forward. Some state that what we see is what there really is; others that our normal waking state is analagous to a dream state, and what really exists is different from that.

they engaged in argument and debate, and produced teachings and viewpoints that sometimes differed wildly, accepted Brahmanical authority and so remained within that fold.

The six classical darśanas, each of which is discussed in this book, are called *Nyāya*, *Vaiśeṣika*, *Yoga*, *Sāṃkhya*, *Mīmāṃsā*, and *Vedānta*. Traditionally, the six are treated as three pairs, with each pair having compatible or similar key features: Nyāya and Vaiśeṣika share an ontology (see the box on page 16) supplied by the latter with which the method of the former is compatible; Yoga and Sāṃkhya to a large extent share an ontology, again with which the method of the former is compatible; and Mīmāṃsā and Vedānta share an exegetical approach to different parts of the same corpus of material, to which they both ascribe the same primary status. This book follows these traditional pairings, devoting separate chapters to each pair. Where chronologically appropriate, however, chapters will contain references to key stages in other traditions in order to maintain an understanding of the way different schools of thought developed by means of interacting with each other.

Chapter 2
The Brahmanical Beginnings
Sacrifice, cosmic speculation, oneness

The beginning of the 5th century BCE: this is where we will begin our discussion of Indian philosophical thought, by looking at the ideas and practices established in northern India by brahmin priests at that time. This is a good place to start for several reasons. First, the milieu of north India at this period was dominated by the Brahmanical tradition, and it remained the only tradition to secure a lasting hegemonic grip on the country's socio-religious structure. No matter how influential the ideas and practices of others became at certain times, it was the Brahmanical tradition that retained control of normative criteria. Second, by the beginning of the 5th century BCE, two clearly identifiable approaches coexisted within this tradition, and we know enough about both to be able to highlight their key features and concerns. Third, and perhaps most importantly for our purposes, from a discussion of these two approaches we can see how they jointly contributed to the subsequent proliferation of questioning, debate, and attempts to refute the ideas of others. In establishing these points, we shall also see the way in which the two approaches emerged from earlier stages of the tradition.

Sacrifice

The brahmins of the 5th century BCE were the descendants of people called the Aryans, who came from central Eurasia and settled in

Chronology

c.2000–1500 BCE: The Vedic sacrificial tradition, based on ritual actions, was brought into north-west India by the Aryans. This tradition was preserved and administered by brahmin priests.

c.800–500 BCE: The teachings recorded in the early Upaniṣads, in which knowledge is said to be of ultimate importance, were embraced by the Brahmanical tradition.

By 500 BCE: these two branches – ritual and gnostic – of the Brahmanical tradition coexisted.

north-west India many centuries earlier, bringing their practices and ideas with them. For a very long time they had a sacrificial, ritual-based religion, the sacred details of which were carefully memorized and preserved in ritual 'manuals'. As writing was as yet unknown to them, different lineages of brahmin priests, each of which contributed to the rituals, had responsibility for the oral preservation of the material relating to their particular ritual duties. They took this responsibility extremely seriously, because it was on accuracy that the efficacy of the sacrifice depended. Memorization techniques of various kinds were perfected, and from the evidence we now have it is thought likely that a very high degree of accuracy was achieved.

Though it is now regarded as a religious activity, the performance of the Vedic sacrificial rituals was largely for this-worldly ends. That is, the primary purpose of the sacrifice was the maintenance of the cosmos at its optimum level of status quo. The sacrifices were addressed to aspects of the natural order of the cosmos, such as sun, rain, lightning, wind, and so on, as well as abstract principles, such as contract and vow. Collectively, addressees of the sacrifice were referred to as *devas*. The

The sacrificial rituals of the Aryans were performed by specialized people (brahmin priests), on behalf of those who had both a right and a duty to employ them. The sacrifice took place in a specially prepared space, arranged around a central fire or fires. To the accompaniment of spoken, chanted, and muttered words and sounds, special implements were used to make an offering into a fire of substances such as cooked grains and oil. All aspects of the sacrifice, from the measurements of the space to what substance should be offered and which words used, were prescribed in the ritual manuals.

rationale of the exercise was that if man performed the sacrificial rituals correctly, the devas would reciprocate by performing their cosmic function in the most beneficent way. Thus cosmic order – which later came to be known as *Dharma* – was maintained. The necessity to do this was enjoined upon the brahmins by the ritual manuals. These form the earliest parts of the corpus of material known as the Veda, so they can be referred to as the Vedic ritual manuals, and the sacrificial religion is sometimes referred to as the Vedic sacrificial religion.

The word *veda* means 'knowledge'. It refers to the belief that ancient ancestors of the 5th-century BCE brahmin priests knew or 'saw' the truth the Vedas contain (which is why they were called seers). This is understood not at all in terms of revealed, teacher-specific truth, but as impersonal and eternal cosmic truth, not of human origin, that the seers were merely instrumental in recording for posterity. As such, the status of the Vedic sacrificial texts is primary. And anything enjoined on man by this corpus of material is considered self-validating – it must be done because it must be done: this is part of eternal truth. The concern with accuracy to ensure efficacy was thus reinforced by the belief that the correct performance of each ritual act was part of cosmic duty.

1. Ritual implements used in Vedic sacrifice.

2. Vedic sacrificial rituals are still performed today, little changed from ancient times.

As well as physical ritual actions, the ritual manuals prescribed a variety of words and sounds, which can be referred to collectively as formulas, that had to be spoken, muttered, or chanted at the sacrifice. Both physical act and sound contributed to the results of the sacrifice: both were consequential 'actions', or karma. The language in which formulas were constructed was Sanskrit, and as a result the language was regarded more as a highly potent sacred tool than as a means of communication. It was seen, in effect, as the representation in sound form of the manifestation of the universe.

The language of Sanskrit

The word *saṃskṛt* shares a verbal root, *kṛ*, with the word karma. The prefix *saṃs* gives the word the meaning 'well-formed' or 'well-constructed'. This suggests the correlation between the correct sounding of Sanskrit words and the manifest universe to which they refer.

Because of the status and power of the Vedic material and the Sanskrit language, knowledge of both was closely guarded by the brahmin priests. They may have sought to legitimate this exclusivity on the grounds that such material needed protection, but at the same time it put the priests themselves in a position of supreme authority in the society of the time, and society itself was ordered in such a way as to maintain this authority. The origins of what is now called the caste system of India are recorded in the Vedic ritual manuals, where people are classified according to a hierarchy of ritual purity, with the brahmins, the purest, at the top. Their purity both entitled and enabled them to associate safely and effectively with the sacred actions and language of the sacrifice.

So the main characteristics of the Vedic sacrificial religion were that it was based on ritual actions, both physical and verbal, the precise

3. Extract from the *Ṛg Veda*, manuscript dated 1434 AD.

accuracy of which was essential to ensure efficacy, and it was wholly preserved and administered by brahmin priests. The purpose of the performance of ritual practices was the maintenance of cosmic continuity, and the various actions of the sacrifice – physical and verbal – were believed to be correlated with their effects accordingly.

Cosmic Speculation

This-worldy though the system largely was, many of the Vedic texts record that some of the ancient ritual specialists were also sophisticated speculators about the nature of the cosmos they sought to sustain. They realized that the parts played by the devas to whom the sacrifices were addressed were limited to the particular place and role each had in the cosmos, and they speculated as to whether there might be something greater. They also wanted to know more about the origins of the cosmos itself. How did it all begin? Who or what (if anyone or anything) created it? Did it begin as a golden embryo? Was it constructed by a heavenly architect? Did it emerge out of a cosmic sacrifice? What role did speech play (that is, the sound of the sacred language)? Was breath the animator of all things? Or was it time that began it all? What was there before? and perhaps most important: Who knows about it?

This ancient speculation is extraordinary in its extent and profundity, and suggests a considerable degree of analytical thinking on the part of the ritualists about the nature of what it was they were doing. We have no evidence that the speculation affected the rituals themselves; indeed, it would be unlikely that it did because the rituals were so precisely codified. But it is possible that ongoing questioning contributed to a second strand of ideas and religious practice being embraced by the Brahmanical tradition. Alongside the continuing practice by the majority of outward and visible sacrificial rituals, the Vedic texts record that some began to go on retreat to contemplate the nature of the sacrifice in more depth. Eventually, some of these people

There was neither non-existence nor existence then; there was neither the realm of space nor the sky which is beyond. What stirred? Where? In whose protection? Was there water, bottomlessly deep?

There was neither death nor immortality then. There was no distinguishing sign of night nor of day. That one breathed, windless, by its own impulse. Other than that there was nothing beyond.

Darkness was hidden by darkness in the beginning; with no distinguishing sign, all this was water. The life force that was covered with emptiness, that one arose through the power of heat. . . .

Who really knows? Who will here proclaim it? Whence was it produced? Whence is this creation? The devas came afterwards, with the creation of this universe. Who then knows whence it has arisen?

Whence this creation has arisen – perhaps it formed itself, or perhaps it did not – the one who looks down on it, in the highest heaven, only he knows – or perhaps he does not know.

(*Ṛg Veda* 10.129, from *The Rig Veda: An Anthology*, ed. and trans. by Wendy Doniger O'Flaherty, Harmondsworth: Penguin, 1981)

The dating of the *Ṛg Veda* is uncertain, but is thought to be considerably earlier than the 5th century BCE – possibly as early as 1500 BCE.

came to think that the sacrifice could be 'internalized', practised by means of concentration and visualization techniques.

The gradual development of this trend is recorded in books of the Vedic corpus of material known as Brāhmaṇas and Āraṇyakas (see the box below), but it is in the Upaniṣads that teachings are found which might specifically represent its culmination. The Upaniṣads form the final part of the Vedic canon – they are called the 'end of the Veda' – and their contents were gathered in the same Brahmanical lineages as the ritual material.

The Vedic material was preserved in different Brahmanical lineages. Four 'strands' of **ritual manual**, used by different kinds of brahmin priests, were supplemented over time by **Brāhmaṇas, Āraṇyakas**, and finally, **Upaniṣads**:

The four ritual strands were:

Ṛg Veda	Sāma Veda	Yajur Veda	Atharva Veda

Into these lineages were incorporated **Brāhmaṇa** and **Āraṇyaka** texts, which contained ideas on the nature of the sacrifice and of 'internalizing the sacrifice'.

The **Upaniṣads** form appendices to the earlier material:

Kauśītaki	*Chāndogya*	*Taittirīya*	*Muṇḍaka*
	Kena	*Bṛhadāraṇyaka*	*Praśna*
		Kaṭha	
		Īśa	
		Śvetāśvatara	

The Upaniṣads contain a great deal, speculative and instructive, on the nature, purpose, and necessity of the performance of sacrificial rituals. But what distinguishes them from earlier Brahmanical texts is that they also contain teachings and ideas that subordinate the rationale of the ritual to an imperative to seek to understand the nature of the human being. Further, the knowledge that was sought was subjective and esoteric – inner, 'spiritual' knowledge – in contrast with the exoteric, ritual knowledge of the sacrifice. This marks a shift in the tradition from its previous cosmos-centred concerns to more person-centred issues – or rather it brings the individual person into more specific focus within the broader cosmic picture of the earlier purely ritual period. The early Upaniṣads contain the first known record of the idea that human beings are reborn again and again into circumstances conditioned by their actions in previous lives. They state that the dutiful and correct performance of sacrifices will not only bring about the consequences to which the sacrifices are addressed, but will also beneficially affect the conditions of one's next life. This is the law of karma (action) applied not just to ritual but also to the mechanics of human experience.

The most important thing to aspire to, however, is gaining insight into the nature of one's essential self or soul, called *ātman* in Sanskrit. The Upaniṣads teach that self and cosmos are one, repeatedly stating that one's ātman is inseparable from all that there is. This is famously expressed as *tat tvam asi*: 'you are [all] that' (*Chāndogya Upaniṣad* 6.8 ff). Gaining experiential insight of this identity is to be aspired to because such knowledge effects one's release (in Sanskrit, *mokṣa*) from continued rebirth. This teaching introduces the idea of salvation into the Brahmanical tradition for the first time, and while sacrificial rituals have continued to be practised to this day, the experience of mokṣa was quickly established as the supreme goal of human existence. It was seen in the wholly positive sense of knowledge which enabled one to escape from the treadmill of rebirth and experience immortality: 'One who sees this does not experience death, sickness, or distress [any more].' (*Chāndogya Upaniṣad* 7.26.2)

Oneness

Looked at from the point of view of the universal rather than the particular, the teaching that self and cosmos are identical also responds to earlier speculation as to the nature of the cosmos. In the early Upaniṣads, the universe is referred to by the neuter term *Brahman* (not to be confused with its masculine form, *Brahmā*, which is the name of an important deva in the tradition). Brahman is the equivalent of an impersonal absolute that might also be called Oneness or Being. An important passage, in which a father is instructing his son, states:

> In the beginning, this world was just Being – one only, without a second. It is true that some people say 'In the beginning this world was just non-existence – one only, without a second; and from that non-existence

The teaching that the universe is One is referred to by the ontological term *monism*. This means that there is only one existent thing, and there is nothing that is not that thing. So whatever there is is ultimately the same thing, even if this does not appear to us to be the case: we do not have to be able to see it for it to be true. Monism is a numerical, not a qualitative, term. Other information is required in order to know the nature and characteristics, if any, of the oneness.

Monism is not a theistic term either, and should not be confused with *monotheism*. Monotheism states that there is one God, but tells us nothing else about what there is per se. It is not stating there is only oneness. If the universe is monistic, within that oneness it is possible that there might be thought to be something that appears as God – or, indeed, many gods – but this would have no more bearing on the underlying oneness than the apparent plurality of the empirical world does.

> Being emerged.' But how could that possibly be the case? How could Being come from non-existence? On the contrary, in the beginning, this world was just Being – one only, without a second.'
>
> (*Chāndogya Upaniṣad* 6.2.1–2)

The early Upaniṣads are full of statements drawing out the implications of such oneness: 'It is by seeing, hearing, reflecting, and concentrating on one's essential self (ātman) that the whole world is known.' (*Bṛhadāraṇyaka Upaniṣad* 2.4.5). 'The ātman is below, above, to the west, east, south, and north; the ātman is, indeed, the whole world.' (*Chāndogya Upaniṣad* 7.25.2). Mostly straightforwardly, the expression 'ātman is Brahman' unequivocally identifies essential self with cosmos, ultimately not two things but one.

The focus on the identity of inner self and cosmos suggests that the teachings contained in the Upaniṣads might be seen as the culmination of the internalization of the sacrifice, as suggested above. The outward and visible practices directed towards the external world are simply transposed to an inner understanding of the world. The Upaniṣads also uphold the tradition of the sacrificial ritual in that at no point do they suggest that rituals should be abandoned. On the contrary, they reinforce both the need to perform rituals and the hierarchical social structure, based on ritual purity, within which they operate. Thus it was that both ritual and Upaniṣadic teachings could coexist alongside each other within the Brahmanical tradition. The primary status accorded to the Vedic ritual manuals is similarly accorded to the Upaniṣads in that both are considered to contain teachings about the truth.

One can also immediately see, however, the way in which these two strands of the tradition embrace issues and views that are potentially divisive or internally contentious. Not only do the focus and emphasis shift in the Upaniṣads from the this-worldly concerns of the ritual to the nature and destiny of the person, as described above; it is also the case that the attaining of esoteric knowledge is considered of superior significance and purpose than the performing of ritual actions. Furthermore, and perhaps most importantly, the Vedic practice of rituals and the Upaniṣadic seeking of knowledge are each underpinned by a different understanding of the nature of reality. The Upaniṣads make it clear that rituals, while important, are merely what should take place within a worldview which assumes the transcendental reality of the plural world: indeed, the purpose of the rituals is to maintain that plural world. But such plurality, the Upaniṣads suggest, is only empirically (or conventionally) real, and it is knowledge of the greater reality of the underlying oneness of the world that leads to the higher goal of immortality:

> 'There is really no diversity here. He goes from death to death who perceives diversity here. One must see it as just one . . . by knowing that very one, a wise brahmin can obtain insight for himself.'
>
> (*Bṛhadāraṇyaka Upaniṣad* 4.4.19)

Those who state that the plurality of the world around us is ultimately real are *pluralists*. Other terms for this ontology are *pluralistic realism* and *transcendental realism*. This means that what we see – the plurality of the empirical world – is real in itself, transcendent (or 'outside') of anything to do with human perception.

Those who state that empirical plurality is not transcendentally real (and this would include those who state that reality is one) are not denying empirical reality. Rather, what they are stating is that there is a greater degree of reality – absolute reality – that differs from what we see on the surface. Empirical reality in this case is 'conventional'.

In the early decades of the 5th century BCE, these two approaches do not appear to have been mutually contentious or to have given rise to incompatible worldviews vying for supremacy. But as we shall see in following chapters, this soon changed. Not only did this century see the Buddha and others challenge Brahmanical teachings based on the Upaniṣads, but it soon became necessary for ritual specialists to defend their realistic worldview against those who sought to refute or ridicule the point of the sacrifice. And in doing so they themselves had to refute any notion of the merely conventional status of the empirical world such as suggested in the Upaniṣads, as well as by others. This meant that not only did the Brahmanical tradition have to grapple with criticism from outside, but it also became increasingly exposed to internal divergence based on its two branches of primary material.

Later, some who were concerned not to question the legitimacy of the presence of both approaches within the same tradition sought to overcome their incompatibility by suggesting that ritual duties should be carried out during the period of one's life when one was married and producing children. This would mean both that the maintenance of the ritual-dependent world would be ensured, and also that succeeding generations of sons, on whom the continuity of the brahmin-led social hierarchy depended, would be produced. Once this stage of life had passed, attention could then be focused on the quest for liberating knowledge. To this day, those whose primary concern is religious practice rather than philosophical debate see this as the path of Brahmanical orthodoxy that acknowledges the primary status of the whole of the Veda.

As the more philosophical and polemical debate developed, thinkers from a variety of traditions became involved, but in the direct lineage of this early material, two of the classical darśanas – Mīmāṃsā and Vedānta – based their different teachings and worldviews on exegesis of the Vedic ritual material and the Upaniṣads respectively. These two bodies of material, on which were based the ritual and gnostic branches of the Brahmanical tradition that coexisted during the early part of the 5th century BCE, came to be known by challengers, reconcilers, and exegetes alike as the 'action section' (*karma-kāṇḍa*) and the 'knowledge section' (*jñāna-kāṇḍa*) of the Veda.

Chapter 3
Renouncing the Household

The Buddha's Middle Way

Renouncer v. Householder

The correlation between religious power and social hierarchy, administered and guarded by the brahmins with the same degree of rigidity as the sacrificial ritual itself, was such that some found the prospect of living within the strictures of the Brahmanical fold oppressive. Such people sought alternative socio-religious paths, and collectively became known as renouncers (*śramaṇa*). What they rejected was everything to do with the authority and prescriptive norms of the brahmin priests, but 'renouncer' tends to be understood more specifically as the polar opposite of the 'householder' status prescribed by the Brahmanical tradition in order to ensure its continuity. Householders had a duty not just to sacrifice but also to be economically productive and sexually reproductive, within group lineages which excluded those not of the same status of ritual purity. Renouncers, in contrast, tended to be peripatetic, mendicant, and celibate. Some grouped round leaders whose teachings and insights they accepted and agreed with, but many were solitary wanderers. Many also practised severe austerities, subjecting themselves to extremes of temperature, hunger and thirst, painful bodily distortions, and various other kinds of self-denial. Such asceticism was believed by renouncers to be purposeful in that it was thought to contribute to gaining spiritual insight by focusing the mind in certain non-normative ways.

Chronology

c.2000 BCE– : the Vedic sacrificial tradition.

c.800–500 BCE: the early Upaniṣads.

by 500 BCE: ritual and gnostic branches of the Brahmanical tradition coexisted.

5th-century BCE milieu: in polar contrast to the householders of the Brahmanical religion were the renouncers – peripatetic, mendicant, and celibate wanderers, in search of knowledge about the world and the self. Renouncers rejected all Brahmanical norms.

c.485–405 BCE: the lifetime of the Buddha. Texts record that the Buddha challenged Brahmanical practices and teachings, and their claims to authority, and found no satisfactory alternative among the teachings of the renouncers. Based on insights gained at his own Enlightenment, he taught a Middle Way between those of the householders and the renouncers.

We do not know exactly how or when renouncers became a significant presence in the milieu of north India in which the worldview of the brahmins was becoming dominant in the period before the 5th century BCE. During the 20th century, excavations of a previously unknown, extremely ancient civilization in the Indus Valley produced evidence which suggested that there had been a very early indigenous tradition, thriving long before the Aryans arrived, that the renouncers might have been the inheritors of: that is, the approach and practices of the renouncers might not have originated within the Aryan tradition. Whatever the source, it nevertheless might have been the

4. A view of Mohenjo-daro.

case that as some of those within the brahmin fold sought to internalize the purpose and practice of sacrificial rituals, they also sought to bypass the strictures of priestly involvement within a prescribed social structure. It is also possible that the trend to internalize the sacrifice might itself have been triggered by contact with indigenous practices.

What we do know, from various sources that corroborate one another, is that, by the time the Brahmanical tradition was embracing the new teachings recorded in the Upaniṣads, there was a significant number of peripatetic renouncers who were seeking their own answers to religio-philosophical questions. In many respects, the questions themselves related to the same issues as those addressed both in Vedic speculative material and in the Upaniṣads. That is to say, it was not that the renouncers were seeking truth of a wholly different kind, only that they sought answers by their own means rather than as taught by the brahmins. The concern of virtually all of them was to understand the nature of the world and the nature of the human being, expressed in terms of selfhood.

The Nature of Self

Our sources suggest there was a wide variety of theories relating to the nature of self and world, the emphasis on either or both varying with each point of view. The plethora of questions on selfhood is summed up in an early Buddhist text as follows:

> Did I exist in the past? Did I not exist in the past? What was I in the past? How was I in the past? Having been what, what did I become in the past? Shall I exist in the future? How shall I be in the future? Having been what, what shall I become in the future? Am I now? Am I not, now? What am I? How am I? Where has this being come from? Where will this being go?

It goes on to give putative answers:

'I have a self. I have no self. I perceive [my] self by means of [my] self. I perceive no self by means of [my] self. I perceive [my] self by means of no self. This self of mine which speaks and feels, that experiences the consequences of good and bad actions now here and now there, this self is permanent, stable, eternal, unchanging, the same always.'

(*Majjhima Nikāya* I 8)

So numerous were the speculative questions on both self and world that all possibilities came to be subsumed in a formula in Buddhist texts:

Is the world eternal or not? Is the world finite or not? Is the self different from the body or not? On achieving liberation from rebirth, does one exist or not exist, exist and not exist, neither exist nor not exist?

(*Saṃyutta Nikāya* II 223, for example – paraphrase)

From this and other generalizing evidence can be drawn certain broad streams of thought. Some held to a strongly materialist view, proclaiming the radical physicality of human beings in a wholly finite and temporally limited world. Others stated that while there might be some kind of immaterial self associated with one's physical body during one's lifetime, it ceases once and for all at death. People who held this view were referred to as annihilationists in early Buddhist sources: death involves the 'annihilation' of the self. Neither annihilationists nor strong materialists saw any point in taking seriously the idea that a law of karma operated for human beings. But many, possibly most, of the renouncers contextualized their views within a framework which posited human beings experiencing a series of lives. Some, along with the Upaniṣadic brahmins, held that the self is permanent and unchanging, and were called eternalists by Buddhists. Others were not eternalistic, but did believe in some kind of continuity. All such people believed that actions have consequences for future lives, and for them the whole point of seeking answers to these questions was that this particular knowledge – knowledge of the nature of the self and its ontological context – was believed to effect liberation (mokṣa) from rebirth. It was for this reason that their search for answers was so crucial, and that it was on questions relating to these issues that their attention remained focused.

This is an important point to grasp, as it represents a key characteristic of the milieu we are attempting to understand. To draw it out more clearly, it might help if we consider the picture from a slightly different angle. What we have, broadly speaking, is a milieu in which one can see that different practices and concerns are directly correlated with respectively appropriate worldviews.

On the one hand there were those following the ancient Brahmanical tradition of the Vedic sacrificial religion, in which the performing of rituals was directly linked to the maintaining of a universe which, if not entirely empirical, was certainly plural and real. Concern centred on the precision of the sacrifice because of the link between act and effect. This ancient tradition was at this time on the verge of being overshadowed by other approaches, represented by the teachings of the Upaniṣads and the concerns of the non-materialist renouncers. But it had already become the standard-bearer of orthodoxy, establishing social norms which endure to the modern day. Its presence and influence were thus not going to be brushed aside no matter how strongly alternative approaches claimed superiority.

Others, such as materialists and annihilationists, held to a worldview which precluded focusing on anything other than the here and now. These people concerned themselves primarily with defending their standpoint and attempting to refute what they saw as the absurd claims and practices of both ritualists and non-materialists alike.

At the other end of the spectrum were those who thought life was a karmically determined round of rebirths and the world something other or more than its empirical appearance. Their concern was with gaining knowledge of the precise structure of the world as it is in reality and the place of human beings within it. This not only enabled them to make lofty claims of knowledge of metaphysical truth, but also gave them the existential imperative to realize the means of effecting release from bondage to rebirth. If they wished to attain this highest of prizes, what they had to know about above all else was the nature of the self. This quest thus dominated their approach, effectively excluding any other concerns or issues.

Gotama – the Buddha

This is the milieu into which was born, around 485 BCE, a man named Siddhartha Gotama, later to become known as the Buddha. The word *buddha* literally means 'awake', and alludes to the occasion of the Buddha's Enlightenment. This is described in texts as the attaining of insight (or rather three insights), the nature of which was significant enough to be understood as analogous to waking up after having been asleep. This point draws attention to the structure of the Buddhist path, which, in common with that taught by the Upaniṣadic brahmins and many of the renouncers, is to progress from ignorance to knowledge. Ignorance is the prime conditioning factor in fuelling ongoing rebirth, with each life characterized by the profound unsatisfactorinesses associated with the transience of everything one can experience. Knowledge is the enabling factor in bringing about the cessation of this continuous rebirth. It was because the early teachers in these traditions claimed to have gained access to such knowledge that we have such an abundance of different metaphysical theories from this period.

Notwithstanding the free circulation of many popular stories, based on the Buddhist tradition's didactic and hagiographic narrative literature, we have no certain facts regarding the Buddha's early life, except that he was born into a family who lived in the town of Kapilavatthu (in what is now Nepal) and that it seems likely that the family was well-to-do with high connections. The texts recount that he left home in his early 30s in order to seek an answer to questions concerning the existential nature of the human lot: Why is human existence as it is? Why is it characterized by disease, ageing, and death? Is it inevitable that it is like this? Can one do anything about it? Can one, indeed, escape such an existence?

Whether or not the Buddha had any knowledge of any of the teachings recounted above prior to leaving home (we do not know either way), the earliest Buddhist texts tell us that once he set out on his quest he encountered people with a very wide range of views. Indeed, these texts are one of our most important sources of information, alongside early Jain texts, about the range of views in the milieu. Searching as he was for answers to big questions, the Buddha was actively interested in encountering others on similar quests and in learning what they thought was relevant to the situation and what one might do about it. It seems that he spent some years listening to, learning, and testing their theories by following their example in various kinds of practices. He did not feel that any of them provided the certain answers he was in search of, and eventually he decided to try his own technique in an attempt to gain the deeper insights he sought.

Using a penetrative form of meditation he was later to teach, the Buddha claimed he had gained three insights, which together gave him understanding of how and why human existence is as it is. He also claimed that he had, through these insights, achieved release from bondage to its continuity. First, he was able to see his previous lives, and the way in which each had influenced the quality and conditions of subsequent lives: that is, he could see his own rebirth history. Second, he saw the way other beings were born and reborn, again according to the conditioning effects of actions in previous lives. The Buddha's acceptance and teaching of rebirth and karma were thus not based on his adoption of features of a prevailing worldview: rather, they were

5. A Buddhist monk meditates.

based on his own experience. The third insight was how to uproot from his psycho-conceptual framework those factors which he could see most deeply bound him to worldly continuity: appetitive desires, the desire for continued existence, ignorance of the true nature of reality, and the holding of opinionated 'views'.

The Buddha's Enlightenment

'With my mind concentrated, clarified, purified, free from interferences, supple, and focused, I directed my mind towards knowing how to uproot the 'continuity tendencies'. I could see as it really is the primary characteristic of human existence, how it arises, that it can cease, and the way leading to its cessation. I knew as they really are the continuity tendencies, their arising, their ceasing, and how to achieve their cessation. Knowing and seeing thus, my mind achieved freedom from the binding effects of all appetitive desires, my mind achieved freedom from the binding effects of desiring continued becoming, my mind achieved freedom from the binding effects of holding to opinionated views, and my mind achieved freedom from the binding effects of ignorance. I then knew for certain that I was liberated from rebirth. I had practised what was necessary, done what had to be done, and my present state would generate no further continuity.'

(*Vinaya* III 4 – paraphrase)

(See also *Majjhima Nikāya* I 23 and *Aṅguttara Nikāya* II 211 and IV 179.)

According to the texts (see the box above), prior to describing the third insight the Buddha summed up what he could see in a fourfold formula: (1) human existence is intrinsically characterized in a certain way; (2) specific factors fuel its continuity; (3) cessation of that continuity is possible; (4) there is a way leading to cessation. Seeing and

6. Image of the Buddha teaching.

understanding the key aspects of this situation is what is necessary if what one is seeking is to gain liberation from bondage to it. So fundamental was this that it became his first actual teaching to others, known as the Four Noble Truths, said to have been given in a deer park in Varanasi.

The Four Noble Truths

The structure of the Four Noble Truths is simple and clear: X is the case because of Y, and will cease if Y ceases, where X is intrinsic to human existence. What they refer to in conceptual terms is less easy to draw out, partly because of their cryptic nature and partly because *dukkha*, the Pāli term used to refer to the intrinsic characteristic of human existence identified in the first Noble Truth, is far from clear in its meaning. Dukkha has often been translated as 'suffering', 'pain', or 'ill', but it is now widely recognized that this wrongly attributes to the Buddha a deeply negative, and readily refutable, view of human existence. A better translation is 'unsatisfactoriness', which conceptually relates dukkha to the Buddha's teaching that all of the factors of our phenomenal world of existence are impermanent. In direct contrast to the claims of the Upaniṣadic teachers of his day – that in spite of apparent pluralities the universe is in fact a permanent and unchanging essential oneness that it was possible to gain insight of – the Buddha taught that all of the factors of experience were impermanent. And because they are impermanent, they are ultimately unsatisfactory (even the best of experiences and situations do not last) in contrast to the assumed blissfulness of immortality, or essential permanence. Thus the Four Noble Truths are understood to identify this unsatisfactoriness-based-on-transience as the fundamental characteristic of cyclical life. It is because one does not accept impermanence, and constantly seeks and desires that things be permanent – youth, healthiness, loved ones, treasured possessions, and so on – that one fuels the continuity of unsatisfactoriness, as one's very desires are doomed to disappointment. In reiteration of the second

The Buddha's Teachings

The Four Noble Truths

Human existence is intrinsically characterized by dukkha.
Dukkha arises because of appetitive cravings and desires (negative and positive).
There can be a cessation of dukkha, known as *nirvana*.
Nirvana is achieved by following the Noble Eightfold Path.

(*Saṃyutta Nikāya* V 420, for example – paraphrase)

Nirvana means 'blowing out', and refers to the cessation of the fuel of continuity.

Dependent Origination

'What I teach is dependent origination, that all knowable things are dependently originated; this is the way things are, the regularity of things.'

(*Saṃyutta Nikāya* II 25)

When this is, that is;
This occurring, that occurs;
When this is not, that is not;
This ceasing, that ceases.

(*Majjhima Nikāya* III 63, for example)

The Three Marks of Existence

All conditioned things are impermanent.
All conditioned things are [therefore] unsatisfactory.
All knowable things are not-self.

(*Dhammapada* 277–9, for example)

The formulaic form in which key teachings of early Buddhism have come down to us reflects the fact that until they were written down in approximately 40 BCE, the early guardians of the tradition used mnemonic devices in order to preserve them orally.

Noble Truth, Buddhism teaches that this is where the mechanism of the karmic process lies: in one's appetitive cravings and desires, one's intentional state of mind.

The reason one continues to desire and crave what cannot be attained is because one is ignorant of the true nature of reality. In reality, everything within the cycle of lives is conditioned by something else. The Buddha made this point in another of his key teachings. There is, he stated, a 'way things are', a 'regularity of things', which is that all things are 'dependently originated'. This is generic to all of the factors of our cyclical experience: nothing at all, of whatever nature – material or mental, sensory or conceptual, concrete or abstract, organic or inorganic – occurs independently of conditioning factors. Indeed, this is the reason for the impermanence of all things.

Dependent Origination

Dependent origination is a profoundly radical metaphysical teaching. It is not stating that nothing exists, but that the manner in which all things occur is different from either existence, which implies independence, or non-existence, which implies a denial of occurrence. The point of the Buddha's teaching on dependent origination is that it takes the 'middle way' between existence, non-existence, existence-and-non-existence, and neither-existence-nor-non-existence. This logic-defying formula, which we have already seen above, is designed to include and reject all possible permutations of metaphysical positions taken by others.

The Buddha's 'Middle Way'

The Buddha said that what he taught took a middle way between the teachings and practices of the householders and the renouncers. This can most clearly be seen in three areas:

1 The Buddhist monastic community functioned in a manner between the extremes of fully upholding the social structure and wholly rejecting it: members lived apart from society, but were interdependent with the laity.

2 The monastic Buddhist's daily regime and way of life were between the sensory indulgence associated with family life and the severe self-inflicted austerities endured by the renouncers: they were celibate, but all other needs were met in order to maintain the healthy well-being thought important for full commitment to the path.

3 The metaphysics of dependent origination took a middle way between all possible permutations of the ontological theories offered by others: it could not be expressed in any combination of terms relating to existence or non-existence.

It is frequently stated that what the Buddha was teaching in this context, in direct contrast to the Upaniṣadic brahmins and others, was that there is no self. This view arises from the use of the Pāli term *anattā* (Sanskrit *anātman*), which involves the attaching of a negative prefix to the word for 'self'. Selfhood, as we have seen, was of central concern to most others in the Buddha's milieu. The dominant Brahmanical group, teaching from the Upaniṣads, were claiming that knowledge of the self's immortal identity with the essence of the universe brought liberation. The Buddha, in contrast, stated that all knowable things (*dhammā*) are anattā, 'not-self'. And Buddhists and scholars alike have taken this as a radical denial of selfhood: no self exists.

Recent scholarship has pointed out, however, that the context is one of generic, and not just subjective, applicability. The point is that if all things are dependently originated, between all permutations of existence and non-existence, then the manner in which all things occur – including selves in the same way as musical notes, toenails, thoughts, laughter, aromas, cats, trees, chairs, and stones – is generically the same, not that they are non-existent. Indeed, non-existence is specifically denied. Because of its subjective connotations, the term anattā can act as a red herring. The Buddha was denying not people's selves, but that anything exists independently. This clearly is in contrast to the claims of others of the permanence of selfhood, but that it is stating that there is no self is questionable.

Its questionability is supported by the fact that the Buddha urged that one should refrain from taking any such ontological position with regard to the self or of the world. He stated that all and any of these were 'mere opinions' – contributing to the most deeply binding continuity factors needing to be uprooted on gaining insight into the nature of reality. He himself refused to answer questions on such issues, and his silence when questioned on the 'fourfold logic' formula referred to above gave rise to their appellation as the Unanswered Questions of Buddhism. In great contrast both to his contemporaries and to most other teachers, no information on the ontological status of self and world is given by the Buddha – or at least not directly. What the Buddha does teach – in order to 'see things as they really are', as it is put in Buddhist sources – is that the focus of one's investigation and understanding should not be ontological issues, but the operation of one's cognitive faculties.

These are referred to in Buddhist sources as a fivefold interacting apparatus, called the five *khandhas*, a word which has no exact English equivalent in this context. If an interlocutor appears to be directing attention elsewhere, the Buddha frequently reiterates that it is the operating of the khandhas that needs to be understood. Furthermore, and most importantly, it is repeatedly stated in the early texts that the five khandhas are what constitute dukkha, the primary characteristic of human existence identified in the first Noble Truth. This association suggests that the full import of the Truth is, therefore, not confined to the psychological state of unsatisfactoriness, but includes the point that where an investigation of human existence must start is with one's cognitive apparatus. This is the means whereby one has any experience at all, and thus nothing specific can be investigated or known about without first understanding the means by which one experiences it, or has any notion of it in the first place.

In 'religious' terms, the purpose of the investigation of one's cognitive apparatus is to understand the link between the way it normally operates and the way one's cravings and desires affect it: appetitive response is dependent on cognitive processes that operate normatively, but in fact, according to the true nature of reality, erroneously. In particular, the failure to understand the implications of dependent origination lead one to continue to respond as an independent desirer, having individual desires for separate objects of desire. In this way is continuity fuelled by a combination of ignorance and appetitive cravings. Conversely, the appetitive cravings will atrophy if and when ignorance is replaced by understanding that the perception of independence and separateness is false.

From the Nature of Being to the Nature of Experience

From the 'philosophical' point of view, what this teaching does is to shift the focus of investigation from ontology to epistemology. That is to say, into the milieu of intense metaphysical questioning and ontological theories relating to the self and the world, the Buddha interjects the claim that all one has access to is one's own subjective cognitive process. One cannot get outside of this to see or check what might be the case external to it, but one can nevertheless understand how it works. This involves understanding how it is involved in the structuring of the way we experience the world about us. The texts make reference to the way one's perceiving apparatus processes the 'raw' data of experience into increasingly identifiable, refined, and sophisticated categories, the whole process involving 'making manifold what is not really manifold' (*Aṅguttara Nikāya* II 161).

The cognitive process

> Visual sensation occurs when there is contact between consciousness, eye, and visual object; that preliminary sensation is then identified, conceptualized, and made manifold.
>
> (*Majjhima Nikāya* I 111 – paraphrase)

This pattern is identical for hearing, smelling, tasting, touching or thinking (six senses, including one relating to non-sensory mental activity, are recognized in Buddhism and other Indian schools of thought).

Dependent origination again

> 'Understanding dependent origination means one *will no longer ask* questions about the existence of the self, past, future, or present, such as Is it? or Is it not?, What is it?, Why is it?, this Thing that it is – Where has it come from? Where will it go?'
>
> (*Saṃyutta Nikāya* IV 93 – paraphrase, my italics)

Two implications arise from this teaching that are not made explicit in the texts (indeed, little is made explicit). One is that if it is one's perceiving apparatus that processes all experiential data, then this is what forms the matrix of dependent origination: whatever one experiences is dependently originated in subjective experiencing processes. This means not only that there is a direct correlation between subjectivity and objectivity, but also that what makes the dependently originated phenomena of cyclical existence impermanent is their experiential nature. This implication was to become more fully drawn out and discussed in later Buddhism, particularly in Yogācāra Buddhism, but in the early period largely remained latent.

The other is that if the focus lies in understanding the nature of knowing as opposed to the nature of things, as it were, independent of our knowing faculties, then it follows that nothing one knows is one's self. Whatever might be its nature or ontological status, a knowing subject cannot objectify itself in order to be known by itself. Thus one reads in the last line of a formula known as the Three Characteristics of Existence (shown in the box on p. 48): 'All knowable things (*dhammā*) are not-self (anattā)'. This implication has also largely remained latent, in this case because of contrasting claims that the anattā doctrine is stating that there is no self.

The Buddha was a harsh critic of the views and claims of others in many respects. If his anattā teaching was stating there is no self, this alone would be in radical contrast to the claims of at least the dominant Brahmanical group, teaching from the Upaniṣads. If, in fact, its purport was that nothing one can know is one's self, then he would most profoundly have undercut not just the teaching of the dominant Brahmanical group, but the very rationale of the quest as seen by the vast majority of his contemporaries. In any case, in teaching dependent origination he rejected outright all of the various ontological stances taken by others.

In drawing out the various features of what he taught, however, it is important to remember that at the time his purpose both in teaching, and in rejecting the teachings of others, was entirely directed towards helping others to gain insight in order to achieve liberation from the vicissitudes of human existence. One cannot read the early Buddhist texts without being constantly reminded of this motive, and to ignore or omit this point would be to do violence to the way the teachings are preserved. The Buddha was concerned to undermine the brahmins not because he wished to win a philosophical point but because he saw their claims to exclusivity and supreme authority as pernicious to people's well-being. Furthermore, he considered their dependence on tradition for how they claim things are, rather than drawing on their own individual experiential understanding, to be deeply unreliable, to the extent of being inherently self-invalidating: he saw no reason why anyone should believe a teaching given by someone who has never experienced what they are making claims about. He also objected to their self-importance and lack of concern for the liberation of others. He regarded all priestly ritual activity as purposeless: the action – consequence mechanism that mattered lay in one's state of mind, he said, and no one had access to that but oneself. He saw the focus on remembering sacred formulas precisely, and guarding a sacred language from others, as diverting attention away from the need to understand the structure of existential mechanics to the minutiae of sounds and utterances: what mattered, he stated, was not the letter but the spirit, not the detail but the overall picture, not one's memory but one's understanding.

The style of early Buddhist material is that of a 'religious' rather than a 'philosophical' tradition. Concerns that might be of philosophical interest to us at an intellectual level were overwhelmingly of existential and not abstract concern at that time. Indeed, the Buddha and his immediate followers, and other contemporary seekers of the truth, would all have been bemused by an attempt merely to intellectualize their ideas. The 5th-century BCE context nevertheless was the crucible in which the ideas and approaches of many different schools of thought were clearly formulated and established in relation to one another. Furthermore, it was from this century onwards that the assertions of the more influential approaches increasingly needed more systematic claims to validity. While the 5th-century BCE milieu might not itself have necessitated any formal explication of the theoretical underpinnings of the various different teachings, it was not long before formal explications were vying with one another for superiority and acceptance, and what had been taught either because of the injunctions of long-established tradition or for purely practical soteriological purposes acquired more scholastic and theoretical formulations and interpretations.

Chapter 4
Issues and Justifications
Language, grammar, and polemics

The Threat to the Brahmins

From the point of view of the brahmin priests, the developments that took place during the 5th century BCE posed a serious threat. The descendants of the Aryan invaders had been highly successful in establishing a dominant position both culturally and religiously, but the challenges of others during this period prompted the need for them to take serious steps to defend their practices and worldview. Most at risk was the sacrificial tradition. The competing views of others not only suggested that the rituals associated with the sacrifice were pointless, but would, if widely accepted, render the brahmins themselves redundant, and thus topple them from their place at the head of the hierarchy. What emerged in the brahmins' attempt to protect all aspects of their position was a reinforcement and formalization of a variety of technical arguments intended to demonstrate the validity and status of the sacrifice.

As with the developments of the 5th century BCE described in previous chapters, the formalizing of the Vedic 'defences' built on earlier trends. The ritual tradition was organized, preserved, and operated on the basis of specializations: different lineages were responsible for, and expert in, different specialist areas of the sacrifice as a whole. Thus the need to establish detailed arguments in defence of the ritual could draw on extant, as well as develop new, expertise: the act of defence was

Chronology

c.2000 BCE– : the Vedic sacrificial tradition.

c.800–500 BCE: the early Upaniṣads.

by 500 BCE: ritual and gnostic branches of the Brahmanical tradition coexisted.

5th-century BCE milieu: householders and renouncers.

c.485–405 BCE: the lifetime of the Buddha.

4th–2nd century BCE: In the face of proliferating counter-claims to knowledge of the truth, if the brahmins were to retain their hold on their dominant position they needed to clarify the issues which both justified their practices and confirmed their authority. As the ancient guardians of the sacrificial ritual and the language of Sanskrit, they sought to establish the criteria by which their practices and concerns would be validated, not just for themselves but also to refute the claims of others. In so doing they set the agenda for what each school of thought needed to establish in support of its own position.

Key figures include:

4th century BCE: the grammarian Pāṇini.

3rd–2nd century BCE: Kātyāyana and Patañjali, commentators on Pāṇini's grammar.

2nd century BCE: Jaimini, author of the first known exegetical text on the ritual section – karma-kāṇḍa – of the Veda.

2nd century BCE: Bādarāyāṇa, author of the *Brahma Sūtra*, an important exegetical text on the Upaniṣads – the jñāna-kāṇḍa of the Veda.

intricately interleaved with ongoing studies and supporting arguments within the Brahmanical tradition as a whole.

The Lines of Defence

Put simply, the threat to the ritual was primarily seen as a threat to the Veda itself – specifically the 'original', pre-Upaniṣadic action section (karma-kāṇḍa). Two lines of defence were thus necessary. The first was to reinforce and protect the continuity of the social hierarchy based on the ritual purity of its participants, on which depended the future of the Veda. Evidence of this social reinforcement is contained in treatises known as *Dharma-Śāstras* and *Artha-Śāstras*, which minutely detail and enjoin on each member of society their place, roles, duties, rights, aims, potential, and so on. Thus was fixed the social structure, and while extreme rigidity and exclusivity might be criticisms levelled against it, it nevertheless attained quite astonishing success in terms of longevity, persisting as it does to the present day. (It is perhaps worth noting that one reason for this is that in any given lifetime a person's position in the social hierarchy is believed to be determined by his or her actions (karma) in previous lives. This means that to insiders the system is based on the operating of a natural law rather than the accidentally elitist structure that Western eyes perceive it to be.)

The second was to preserve and defend the full extent of the material relating to the performance of ritual. Thus the specialisms that developed in this respect were based on disciplines known as the *vedāṅgas* – 'limbs of the Veda' – of which there were six. *Phonetics* was concerned with the correct pronunciation of the sounds uttered, chanted, or spoken at the sacrifice. *Metrics* was the classification of the metres of the various hymns or formulas of the sacrifice. *Grammar* was the establishing of the relations between component parts of sentences. *Etymological analysis* sought to explain the meaning of individual words within sentences. *Astronomy* established the most auspicious day and time for the performing of rituals. *Ceremonial rules* laid down the proper way for the various rituals of the sacrifice to be performed.

Astronomy and ceremonial rules apart, what the vedāṅgas also lent themselves to, that is of more interest to us, was the relating of the content of the Veda to an understanding of reality by means of *language*. That is to say, in establishing the rules of the language of the Veda, the way that language was operational in the world maintained by the sacrificial ritual was also established. This further meant that the nature of the world was explained, and that the relationship between language and knowledge of that world could be articulated – if only from this particular point of view. What follows will, I hope, show how these points emerge from the language debate.

Language and Reality

As became commonplace in many strands and aspects of the Indian traditions, over the centuries different theories and arguments were put forward within the Vedic tradition in support of the most important points in the debate on language: we need mention only some of the more significant of these here. Perhaps the most influential single figure was the great Indian grammarian Pāṇini, who lived during the 4th century BCE. Pāṇini wrote one of the most comprehensive and sophisticated grammars in the history of linguistics, highly respected to this day. His seminal work, the *Aṣṭādhyāyī*, comprises eight chapters containing 4000 rules. Together with appendices, the work covers all aspects of semantics, syntax, derivations, phonological rules, the classification of nominal and verbal roots, and rules for special cases. Pāṇini thus incorporated etymology and phonetics, also vedāṅgas in their own right and studied and written about separately by others, within his comprehensive grammar.

The language described by Pāṇini's grammar was Sanskrit, the language of the Veda and the language of the ritual. Sanskrit was considered 'ritually pure' speech, and of central importance was its creative aspect: the sound of the Sanskrit uttered at the sacrifice was believed to be what brought about the intended consequences of the sacrifice. Pāṇini's grammar explained this process as one of agency plus activity. Thus, for example, the creative import of a sentence such as 'water wets grain' is indicated by understanding it as 'wet grain is brought about by water'. For us, two things are noteworthy here. First is the point that the nominals (the naming words), in this case grain and water, are understood as substantives – actual things or beings. Second is that the agent, in this case water, need not be a conscious or intending actor: the sounds of the sacrifice are creatively effective as it were automatically, and certainly impersonally – the role of the priests in 'sounding the Vedic verses' being analogous to the water's in wetting the grain. Thus the language itself indicated the reality of the plural world in which the sacrifice was performed. And the essential part played by the priests preserving and guarding the texts of the ritual was confirmed: it was the language that was the creative instrument.

Of slightly tangential interest is the point that in codifying the grammatical rules of Sanskrit as he did, Pāṇini was instrumental in 'closing' the language. This is an unusual factor in the history of any language, as most continue to change and adapt in the context of cultural developments. Sanskrit, by contrast, has a specific 'classical' form, which provides a clear guide as to what is correct or incorrect, how it should or can be used, and so on. While it has had a rich tradition of use in the literature and drama of India as well as in other 'religious' writings, the point and justification of the rule-bound nature of Sanskrit is its unique status in the creative process of the sacrifice.

Two important followers of and commentators on Pāṇini were Patañjali and Kātyāyana, both of whom lived during the 2nd century BCE, whose contribution was to relate the Pāṇinian theoretical rules specifically to the way Sanskrit was used in practice. Usage constituted an additional grammatical authority, they stated. Indeed, usage constituted an authoritative means of knowledge. This was an important point because it meant that even apparently incomplete or imperfectly formed sentences could be understood by means of syntactic links. That is to say, if a sentence or series of words does not conform precisely to the minutiae of grammatical rules, it can be considered to be meaningful by means of usage conventions. It was an important assertion not only in extending the criteria by which language operated, but also more particularly for the defenders of the Veda. This was because not all of the material in the ritual texts was of a clear or consistent nature. A large part of it was comprised of injunctions (or, indeed, prohibitions), which were clearly indicated for the purposes of the ritual, and here the applicability of grammatical rules was obvious. But also contained in the texts were various supplementary descriptions whose meaning either was not self-evident or might be thought to be in conflict with statements made elsewhere in the texts. By means of usage criteria such passages could be interpreted as metaphors, or in other non-literal ways, ensuring the overall validity and coherence of the sacred language in which the texts were recorded.

Jaimini's Defence of the Veda

Eventually, theorizing on language and its role led other defenders of the Veda to much more specific attempts to establish the meaning and validity of the Veda's content. The work of the grammarians initially enabled them to ensure accurate preservation of the material and precision at the sacrifice itself. But it was also necessary to be able to argue that the entire corpus of material was meaningful and coherent. The first known important exegete of the Vedic texts, who attempted to understand the nature and purpose of the sacrificial ritual, was Jaimini, who lived during the 2nd century BCE. This was the beginning of the Mīmāṃsā tradition (*mīmāṃsā* means 'exegesis'). The proper name Mīmāṃsā came to be associated with exegesis of the ritual texts, the

Meaning and grammar

'Fire cooks rice.' This is a clear sentence, with two nominal substantives – fire and rice, an activity – cooking, and an agent – the fire which brings about the cooked rice. One can understand this as the 'creating' of cooked rice by means of the interaction between substantive entities and activity.

The meaning of individual words is linked to the overall grammatical form of the sentence. For example, if the above sentence was 'Fires cook rye', the different meaning of 'fires' (more than one fire) and 'rye' (a different substance is indicated by the different word) means that the sentence as a whole states something different from 'Fire cooks rice'. It is thus important to know both what each word means, which is the function of etymology, and how the grammatical rules work, if one is to understand the whole sentence.

'Her hair was pure sunlight.' This sentence cannot be taken literally, as it is not possible that hair can actually be sunlight. If the sentence was analysed according to etymological/grammatical rules (meaning of words linked with grammatical form), it would have to be rejected as erroneous. It can, however, be understood, by means of 'usage' rules, as a metaphor. It would thus be known that the point was that the hair in question was bright, shining, yellow-coloured, probably glowing or sparkling with light – and that no claim to its being actual sunlight was being made.

karma-kāṇḍha of the Veda, and the philosophical tradition based on such exegesis.

Our main discussion on Mīmāṃsā will take place in Chapter 8 because the flowering of the tradition came at a later date. But an understanding of its beginnings is helpful for us at this stage because of its influence on other schools of thought in intervening centuries. Jaimini's concern, recorded in his *Mīmāṃsā Sūtra*, was to understand the Vedic ritual texts as the codifiers of dharma. Dharma, as mentioned in Chapter 1, is the cosmic order maintained by the correct performance of the sacrifice, in turn dependent on the maintaining of the requisite social hierarchy. As an exegete of the ritual/dharma manuals, Jaimini defined dharma as having the nature of an injunction. That is to say, he interpreted the Vedic texts primarily in terms of their injunctive meaning: they told one what to do, or indeed not to do, at the sacrifice. The key point here was that he saw the texts in terms of their being solely the instigators of action(s). Everything contained in them, therefore, should be understood either literally as instructions to act, or as representing something related to this purpose. He accordingly used grammatical criteria to explain the way sentences should be understood to have injunctive meaning. He questioned the meaningfulness, and certainly

Dharma

Dharma is of central importance in the Brahmanical tradition. It is hard to translate into English without being misleading, so it is best to try to understand it conceptually. This has to be done on two 'levels'. Macrocosmically, it refers to cosmic order as a whole. Whatever there is is part of dharma in this sense. If things are not as they should be, or not arranged as optimally as they can be, a state of disorder or *a-dharma* exists: a breakdown in dharma.

Dharma is maintained in two ways: by means of the performing of sacrifices according to Vedic injunctions, and by means of individuals living according to their ritual social status and doing what they should do to maintain the optimum level of status quo in the social hierarchy. These constitute the second 'level', where one can see the microcosmic aspect of dharma, which refers to the duties of the individual. Individual dharma is called *sva-dharma*, one's 'own-dharma'. The correct performance of one's own-dharma is thus crucial if macrocosmic dharma is to be maintained and a-dharma prevented.

The rules of own-dharma were codified in great detail from the 2nd century BCE in texts known as the *Dharma-Śāstras*: the treatises on dharma-duty.

At a more philosophical level, the 2nd century BCE also saw the Vedic exegete Jaimini working on the primary dharma manuals – the much older Vedic ritual manuals. He stated that all of the Vedic texts consisted of injunctions to act, and he defined dharma in these terms: dharma is 'what should be done'.

From a more exclusively 'religious' perspective in the Hindu tradition, it is a breakdown in dharma (i.e. a-dharma) that necessitates and prompts divine intervention. In the text known as the *Bhagavad Gītā*, for example, an incarnated form of the supreme Godhead states: 'Whenever there is a breakdown in dharma I will come into being, in age after age.'

(*Bhagavad Gītā* IV, 7–8 – paraphrase)

the authority with regard to Vedic purpose, of anything that could not be explained in this way.

Jaimini took it that the injunctions related directly to actual substantives in the plural world. Drawing on the work of grammarians, he understood the meaning of a word to be correlated with the existence of the thing to which it refers. If one says 'cow', for example, in order for it to have meaning there must exist such a thing as a cow. Thus by definition the injunctions contained in the Veda meant that there must exist the necessary ingredients to bring them about: in each case at the very least the agent and the product. This meant that the Vedic texts reliably established both the reality of the cosmos to which they referred and the validity of the injunctions which must be performed in order to maintain the continuity of that cosmos.

Of the Upaniṣadic teaching that liberation is effected by knowledge of the essential identity of self and universe, Jaimini stated that it should be taken as an injunction to know one's self as performer of the sacrifice in relation to the universe one's actions were maintaining. He interpreted apparently monistic passages as metaphors, thus denying their incompatibility with the realism of the ritual material. Rather, he stated, the Upaniṣads established the reality of a plurality of individual selves, each of which needs to know that it exists as an agent.

The Primacy of the Upaniṣads

Alongside Jaimini's exegetical endeavours focused primarily on the ritual manuals, the Upaniṣads themselves were also specifically subjected to interpretation by those more interested in the non-ritual, 'know thyself' teachings expressed in them, but who were also concerned to establish the Vedic material as authoritative and superior to any other. An early version of an extremely important text (later adapted by others), purporting to summarize the key teachings of the Upaniṣads as they should be understood, was written by Bādarāyaṇa, a contemporary of Jaimini. Bādarāyaṇa's text is commonly known as the *Vedānta Sūtra*, reflecting the fact that the Upaniṣads form the 'end of the Veda' (*vedānta*). The text is also known as the *Brahma Sūtra*, indicating that its major concern is not ritual but understanding what the Upaniṣads have to say about Brahman, the ground of the cosmos. The first verse of the text proclaims: 'Then [there is] the enquiry into Brahman', and the second verse continues: 'that from which [occurs] the origin, maintenance, and dissolution [of all that there is]'. This suggests not just a different focus, but also a profoundly different understanding of the nature of reality. In place of the plurality insisted upon in Jaimini's work, the *Vedānta Sūtra* indicates that all things are part of the one Brahman. This implies that ritual injunctions should not be taken, as suggested by Jaimini, to indicate the reality of what they refer to: for Bādarāyaṇa, language does not have this substantively indicative nature. Furthermore, as injunctive texts in their own right, the Upaniṣads state that what one should 'do' is know Brahman.

Text and Testimony

Jaimini's and Bādarāyaṇa's works became the seminal texts of the later Mīmāṃsā and Vedānta darśanas respectively. For this reason Mīmāṃsā and Vedānta are sometimes referred to as Purva (early) and Uttara (late) Mīmāṃsā (exegesis) – that is, exegesis of the early and late sections of the Veda respectively. Between them they also established two important features of the Indian tradition as a whole. First was their style of writing, the extremely cryptic 'sūtra' form. Each verse consists of just a few words whose meaning and context are often far from self-evident, and the texts require further interpretation if they are to be understood. It is possible that this reflects the fact that the tradition was primarily an oral one, the key points argued by important figures merely being recorded in the form of an aide-mémoire. It might also reflect a tendency to exclusivity of understanding in each tradition, indicating the superiority of those 'in-the-know'. Whatever it was that prompted its use, an important consequence of the cryptic style was that over time more than one school of thought emerged within each tradition as later exegetes added their own commentaries to the early texts.

The second feature that was established by these two early exegetes

The cryptic nature of the Sūtras

It must in fact be eternal, as it is spoken for another's sake. There is always correspondence. Because there is no number. Because it is independent.

(*Mīmāṃsā Sūtra* 1.1.18–21 – on the nature of language)

Then there is the enquiry into Brahman. From which is the origin, etc., of this. This from its being the origin of the texts. And that because it is associated with their purpose.

(*Vedānta Sūtra* 1.1.1–4 – on the subject matter of the Sūtra)

was the beginnings of what was to become an extremely important, and controversial, epistemological criterion in the Indian tradition – testimony. That is to say, rejecting absolutely the teachings of the Buddha and others, both Jaimini and Bādarāyaṇa stated that the Vedic sources represented an unquestionably valid source of knowledge: what they said was to be taken as wholly reliable. Epistemological criteria came to be known by the Sanskrit term *pramāṇa*, 'means of knowing', and testimony was called *śabda-pramāṇa*, literally 'knowing by means of word'. From this time on, the extent to which testimony could be accepted as a valid means of knowledge had to be considered by each systematic thinker, whether the source in question was the Veda, something else, or someone else's 'word'. Those who either rejected the reliability of testimony, or gave it low epistemological priority, had to establish the primacy and validity of at least one other epistemological criterion, such as perception, inference, or reasoning/logical argument. Related ontological issues also had to be considered and argued for: in particular, the nature and 'reality status' of self – in relation to knowing and agency, and the nature and 'reality status' of world – in relation to what is known and/or acted upon. In some cases, consideration was also given to whether or not these were related to, or could be determined by, the use of language.

The investigation of issues to do with the self came to be known by the term *ātma-vidyā* – the 'knowledge of the self'. And the activity of philosophizing in general was referred to by the term *ānvīkṣikī*, which means something like 'looking at', or even 'what to look at'. It is usually understood as a technical term for 'logical reasoning', but the term in fact reflects the early stages during which the tradition was literally deciding and establishing what should be 'looked at', 'kept in view', 'the subject of enquiry'. Any theory put forward needed to be, or at least to claim to be, internally coherent and consistent in these respects. Further, criticisms of others' views focused on their handling and understanding of these issues. Ānvīkṣikī was concerned with how this enterprise was conducted.

In the milieu of debate that ensued, it was common for the proponent of a theory to put forward first an alternative view, which he would then proceed to deny. The alternative view (sometimes more than one are included for denial in a single argument) was referred to as that of the *pūrva-pakṣin*, the 'earlier proponent'. Commonly, this was expressed as: 'If it is said [i.e. if the pūrva-pakṣin says] that X (or Y, or Z), then this is wrong.' Though precise details varied from system to system, the denial and argument would then proceed, focusing not just on the alternative views as such but also on the epistemological criteria by which they have been arrived at. The current proponent would also put forward his own position with whatever supporting evidence was appropriate to his approach and view, and explain his own epistemological criteria.

Chapter 5
Categories and Method
Vaiśeṣika and Nyāya

Vaiśeṣika Thought: the Categories of the Cosmos

One of the first systems of thought to emerge from the early milieu of deciding 'what to look at' was that of Kaṇāda, as recorded in his *Vaiśeṣika Sūtra*, written during the 2nd century BCE. Though his origins and background are of uncertain orthodoxy, Kaṇāda, like Jaimini, was concerned with understanding dharma. For Kaṇāda, dharma was supreme, to the extent that unlike Jaimini, who believed the Veda itself to be self-validatingly supreme, Kaṇāda upheld the Veda (only) because it upheld dharma. That is to say, while Jaimini was primarily a Vedic exegete and defender of the Veda, Kaṇāda was most interested in the nature of reality, which he understood as dharma, and which happened to be maintained by the putting into practice of the Vedic injunctions. Thus the opening verses of the *Vaiśeṣika Sūtra* state:

> We shall now consider the nature of dharma.
> It is from dharma that the highest and supreme good is achieved.
> The Veda has its authority because of its concern with dharma.
>
> (*Vaiśeṣika Sūtra* 1–3)

The *Vaiśeṣika Sūtra* represents a system of pluralistic realism: the independent reality of each of the objects of the world about us, outside of and separate from ourselves. What it is concerned with is the

Chronology

c.*2000* BCE– : the Vedic sacrificial tradition.

c.*800–500* BCE: the early Upaniṣads.

by 500 BCE: ritual and gnostic branches of the Brahmanical tradition coexisted.

5th-century BCE *milieu*: householders and renouncers.

c.*485–405* BCE: the lifetime of the Buddha.

4th – 2nd century BCE: grammarians and early exegetes establish what should be 'looked at'.

3rd – 2nd century BCE: Kaṇāda's *Vaiśeṣika Sūtra* – concerned with the ontological status of the 'particulars' (*viśeṣa*) of reality. Kaṇāda sought to establish of what 'particulars', or types of entity, the world is comprised.

c.*3rd century* CE: Gotama's *Nyāya Sūtra* – adopting Kaṇāda's ontology of pluralistic realism, Nyāya was concerned with how one can arrive at certain knowledge of that realism – what are the valid means of knowledge? Its main contribution was an epistemological method, based on inferential reasoning.

investigation of that plurality in order to classify it according to the different types of entity of which it is comprised. This is where the system gets its name, as 'Vaiśeṣika' indicates the particularities (*viśeṣa*) under investigation. The lasting influence of Vaiśeṣika's approach and ontology is felt by virtue of its close association with the Nyāya system of thought, first propounded by a man named Gotama, whose dates are uncertain but who probably lived around the 3rd century CE. Combined together into what tends to be known as Nyāya-Vaiśeṣika, they have played an extremely important and influential role among the classical darśanas, making major contributions to Indian thought. Even though the more dominant Nyāya is often referred to or studied on its own, such an approach presupposes its adoption of Vaiśeṣika realism. So it is helpful to have some understanding of the Vaiśeṣika position and claims before looking at Nyāya, as well as a feeling of the detailed extent to which their claim to realism was analytically presented.

The classification of particularities with which Vaiśeṣika was concerned was undertaken in terms of ascertaining the fundamental 'categories' of all existent entities. The Sanskrit term for such categories was *padārtha*, which literally means 'what is predicated by the word', in itself taken as indicating the transcendental reality of the entities under investigation. That is, by virtue of being verbally referred to, an object is understood to have independent existence. According to Vaiśeṣika there are seven categories: substance, quality, action, universality, particularity, a relation of inherence, and (added later) absence or negation.

Substance and Quality

The most important of these categories is substance, because all the other categories in some way relate to it. All substance of whatever nature is reducible to one or other of nine different kinds: earth, water, fire, air, ether, space, time, self, and mind. Each is characterized by different qualities, and of the first five the *Vaiśeṣika Sūtra* states:

> Earth possesses colour, taste, smell, and touch [as well as solidity],
> Water possesses colour, taste, touch, and fluidity,
> Fire possesses colour and touch [as well as heat],
> Air possesses touch [as well as mobility].
> Ether possesses no perceivable qualities.
>
> (*Vaiśeṣika Sūtra* II.1.1–5 – paraphrase)

Vaiśeṣika ontology is one of pluralistic realism. It breaks down the fundamental constituents of reality into 7 **categories**: substance, quality, action, universality, particularity, a relation of inherence, and absence or negation.

Substance is further subdivided into 9 different kinds of 'atoms': earth, water, fire, air, ether, space, time, self, and mind.

Earth, water, fire, and air are **material substance** atoms; ether, space, time, self, and mind are **immaterial substance** atoms. All atoms are eternal.

Earth, water, fire, and air atoms group together to form recognizable objects, in association, where appropriate, with one or more of the other atoms. Ether, space, time, and self are, as well as being eternal, all-pervading. Mind, however, is only atomic in size, and one mind atom is associated with a single self atom in each individual human being.

Substance is the most important category as it is only in relation to substance that the other categories occur.

There are 24 **qualities**, and 5 kinds of **action**, that **inhere** in **substances.** Each individual occurrence of a **substance** is a **particular** example of a **universality. Absence** allows for various kinds of negation, non-presence, or non-existence to be understood as part of reality.

Though unperceivable, the principal quality of ether is that it is the medium through which sounds, for example, travel and reach the senses. As such it is a substance in its own right.

All substances occur in atomic form, each atom being eternal and indestructible. It is in joining together in varying proportions that these atoms produce all the various objects of the universe, which are in turn finite and reducible to their constituent atoms. Unlike earth, water, fire, and air, which constitute material substance, the atoms of ether, space, time, self, and mind are immaterial. Of these five immaterial substances, mind is particular to each individual self and is itself of atomic size, whereas the remaining four, as well as being eternal, are omnipresent substances.

The plurality of selves is indicated by the plural manifestation of the quality of consciousness (or cognition), and each self is further characterized by the qualities desire, aversion, pleasure, pain, and effort. The part mind plays, and its existence is inferred from its activity, is in processing sensory information: it is also instrumental in allowing the self to be internally perceived. This distinct separation of self and mind is not uncommon in Indian thought.

In outlining the category of substance, we have already referred to examples of the second category listed, quality. Qualities can only reside in substances and cannot occur on their own. Between 17 and 24 qualities are listed in different Vaiśeṣika texts, and they are subdivided into those qualities that can reside in material substances, those that can reside in immaterial substances, and those that can reside in both. Thus those such as colour, taste, smell, touch, fluidity, and solidity, for example, reside in the material substances earth, water, fire, and air; those such as cognition, happiness, unhappiness, desire, and aversion reside only in the immaterial substances; number, magnitude, and conjunction, for example, reside in any substance. Sometimes more than one substance needs to be present for a particular quality to inhere, such as conjunction, otherness, and plural number.

The importance of qualities is that they characterize substance in such a way as to render substance identifiable to us as this or that object. Without qualities, substance would not be distinguishable in terms of the world as we know it. Thus substance always has at least one quality inhering in it. And this inherence is itself a further category in the Vaiśeṣika schema, acting as what one might call a kind of 'glue' between two other categories, which otherwise could not exist on their own. An example often given to illustrate this point is the impossibility of the quality 'colour' occurring on its own, or the composite substance 'rose' occurring without the quality colour. Thus if we take in this case a red rose, the colour red necessarily inheres as a quality in the substance rose. In spite of the necessity of the relationship, however, quality (in this case colour) and substance (in this case rose), as well as inherence, are categorially separate aspects of reality.The colour red can also be used to illustrate the categories of universality and particularity. The red inhering in an individual red rose is a particular example of the universal 'redness'. A universal may be common to any number of particulars, and it is the particularity of the individual occurrence of the universal that differentiates one rose, say, from another. Moreover, it is only by means of particularity that universality can manifest. Even individual ontologically identical atoms, ranging from all earth atoms to all self atoms, are differentiated by particularity in this radically pluralistic schema: in spite of being categorially alike, and sharing in common universality, each is in some sense unique, and this is separately categorized as its particularity. The importance of universality is that without it, there would be no way of knowing that certain particulars – say, all roses – share in a common rose-ness: that, while each is particular, they all are in fact roses.

Of the remaining two categories we need to discuss, action and absence, action is the more important, since it represents the active and dynamic aspect of substance where qualities are passive and inactive. Action accounts for all obvious activity, as well as the way in which atoms become, and cease to be, composite objects. In this latter respect, action is required in addition to inherence, acting as the ‘causative’ factor. It is action that accounts for causation as a whole, and one could almost conceptually substitute ‘causation’ for ‘action’ as the name of this category – though the Vaiśeṣikas themselves never did so.

The counting of absence as a separate category might be considered surprising in such a wholeheartedly realistic school of thought. It was added to the original list of six categories in order to include the indication of absence or non-existence as a true and ‘real’ state of affairs in a system in which existence was thought to be an intrinsic attribute of the object under investigation – reality. Thus the category ‘absence’ allowed for statements such as ‘there is no rose here’ and ‘ether possesses no perceivable qualities’ to have real meaning. Five kinds of absence were identified: there is no rose here (absence); a rose is not a cow (difference); there is no flower yet on the rosebush (non-existence prior to existence); the rose is no more (non-existence following existence); roseness is never found in a cow (something that never exists). It was because absence is as it were a part of reality in this way that it was accorded its own separate category.

It is not known exactly how the Vaiśeṣikas arrived at their ontology: that is, it is unclear whether they were attempting to describe reality, or whether they were attempting to construct a reality-structure system. So it is not known where they got the categorial system from, or what criteria they used in order to determine the inclusion in the system of its different factors. When the Naiyāyikas adopted Vaiśeṣika’s ontological system they do not seem to have questioned this either. What one can say of both schools, however, is that they sought to establish the ultimate reality of the plural world of common sense, and that they accepted common-sense perceptions as providing a true representation of that world, however they then chose to categorize it. They thus gave high priority to sense perception as a means of knowing, in contrast with Jaimini’s and Bādarāyaṇa’s dependence on testimony. This acceptance of the validity of the everyday world of sense perception did, however, endorse the ontological stance of the Vedic exegetes, but it was subsequently questioned by others – notably by Buddhists, as we shall see in the next chapter.

The Contribution of Nyāya

The Nyāya thinkers, beginning with Gotama in his *Nyāya Sūtra*, added to the Vaiśeṣika system two highly significant factors. The first is that they established clear criteria according to which it could be logically demonstrated that each factor of the system is as it is described as being. That is, they introduced a particular 'method', based on specific rules of reasoning, by which certain knowledge could be arrived at with regard to the object of enquiry. This allowed them to claim that they had 'proved' the pluralistic reality that perceptions present to us. It is worth mentioning that as well as sense perceptions, Nyāya accepted the validity of the yogic perception mentioned in Chapter 1, as well as other, what one might loosely call 'intuitive', kinds of perception. But of all of these, it is sense perceptions that play the most important epistemological role for Naiyāyikas. Nyāya's formal method was the earliest to emerge in the flourishing milieu of debate in ancient India, and the rules it established had a lasting influence on the tradition as a whole. It also contributed to the rules of debate more generally, in the sense of stating what makes an argument invalid or disallowable.

The second significant factor the Nyāya thinkers added to the Vaiśeṣika system was that they stated that the knowledge gained in this way was soteriologically efficacious (that is, its acquisition affected the destiny of believers) – something the Vaiśeṣikas had not explicitly concerned themselves with, possibly because Kaṇāda was more interested in dharma (as the structure of the cosmos) than in mokṣa (liberation). In introducing his method for arriving at certain knowledge, Gotama states that it should only be used in certain circumstances. He gives a list of 'objects of true knowledge', which consists of those things the existence and nature of which it is legitimate to enquire into – because knowledge concerning them contributes to attainment of the 'highest good', understood in this tradition to mean liberation.

> **Certain knowledge concerning the proper means of valid knowledge and those objects it is legitimate to enquire into . . . [and other relevant factors with regard to method and procedure in debate] leads to the attainment of the highest good.**
>
> **It is the removal of false knowledge that . . . [eventually, after several stages] leads to liberation.**
>
> **(*Nyāya Sūtra* 1.1.1–2)**

We will discuss the Nyāya method with reference, first, to the criteria it laid down for the undertaking of an enquiry, and, second, to its list of the valid objects of enquiry. This will lead us into a discussion of the way it deals with specific examples from that list.

How to Proceed

Enquiry should be undertaken, Nyāya states, only if some doubt exists as to what is to be enquired into. That is, there is no point in conducting an enquiry if something is already known for certain. What is enquired into must, therefore, be something about which there might be different understandings. Furthermore, there must be some possibility of a certain outcome to the enquiry. The aim of the enquiry is certain knowledge, which constitutes a 'conclusion' of the enquiry, and if it would be impossible to arrive at this then conducting the enquiry is itself pointless. It is the possibility of arriving at hitherto unknown certainty that both indicates the required previous state of uncertainty, or doubt, and is one of the key validating points of undertaking the enquiry.

Doubt and the possibility of certainty are not, however, on their own enough to legitimate undertaking an enquiry. If they were, then one might be motivated by mere curiosity, and such 'aimlessness', Gotama states, is contrary to man's 'rational behaviour'. Rather, there must also be a proper 'purpose' to the undertaking. Though open to different interpretations at various stages of the tradition, the implication of this statement in the Nyāya Sūtra, that the enquiry must contribute to the attaining of the 'highest good', is that the purpose should be to contribute to gaining liberation from rebirth.

Another requirement for the undertaking of an enquiry is that there must be some observational data that can be used in support both of the proposition made at the outset of the enquiry and of the supporting criteria of the argument establishing certainty. It is here that the Nyāya system most specifically relates itself to drawing on what it takes to be the reality of the plural world about us. The point, for Naiyāyikas, is that in making use of observational data, such as 'where there is smoke, there is fire', they claim to be establishing support that is beyond dispute, thus cementing the validity and finality of the conclusion of the argument. This feature of the system also shows the importance for Nyāya of linking observational data, or the empirical world, into their system of logical argument. There is no place for philosophical abstractions based only on, say, mathematical logic, as found in modern Western philosophy. Rather, their logical method is grounded in the world around them, and the human beings in it, in a much more existential or experiential sense.

The Method Itself

This brings us to the method itself, which is given as an argument with five stages or 'limbs', which lead the enquiry to a certain conclusion. The five stages are: first, a statement of the thesis which is to be proven; second, the statement of a reason for the thesis; third, the giving of an example which acts as a 'rule' which can be drawn on in support of proving the thesis; fourth, the relating of the 'rule' to the thesis; and fifth, a restatement of the thesis as thus proven. The example given by Gotama in the *Nyāya Sūtra* is: (1) There is fire on the hill; (2) Because there is smoke there; (3) Where there is smoke there is fire (as one can see in the kitchen); (4) There is smoke, which is associated with fire, on the hill; (5) Therefore there is fire on the hill.

From this five-limbed method can be seen the crucial importance attributed by Nyāya to inference: it can be inferred that there is X (fire on the hill), such inference being based on observational evidence Y (smoke) and rule Z (where there is smoke there is fire). Inferential reasoning and the use of data acquired by means of perception constitute the primary means of arriving at certain knowledge for Nyāya. Later in the Indian tradition as a whole, notably by Buddhist logicians as well as later Naiyāyikas, more attention was paid to ascertaining the reliability of the examples or 'rules' on which inference was based, such as whether smoke is in fact a reliable indication of fire. This development was important because the rule was meant to be invariable, such that it constituted absolutely reliable support for the proving of the thesis proposition. But notwithstanding the loophole in his system, it was the author of the early *Nyāya Sūtra*, Gotama, who, as well as contributing the first formal philosophical method, first laid down the central place of inference in a logical argument in this way.

We can now turn to the valid objects of enquiry as listed by Gotama. The list is in addition to the Vaiśeṣika categories of substance and so on, and is given in *Nyāya Sūtra* 1.1.9 as: self, body, sense organs, sense objects, cognition, mind, action, defects, cyclical birth and death, consequences, suffering, and liberation. Vātsyāyana, an important successor of Gotama, clearly wishing to establish the coherence of the list, comments on it as follows:

> Here, the self is the seer of all things, enjoyer of all things, omniscient, experiencer of all things. Body is the place of the self's pleasure and pain.

> The sense organs are the means by which pleasure and pain are cognized. The internal sense 'mind' is that which knows all objects. Action is the cause of all pleasure and pain; so are the defects of desire, envy, and attachment. The self had earlier bodies, and will have other bodies after this one, until liberation is achieved. It is this that is the beginningless cycle of birth and death. 'Consequence' is the experiencing of pleasure and pain, along with their means, pain being inextricably linked with pleasure. In order to achieve liberation, one has to understand all happiness as the same as pain; this gives rise to detachment and, eventually, liberation.
>
> (*Nyāya Sūtra Bhāṣya*: Commentary on *Nyāya Sūtra* 1.1.9)

In the context of the criteria given by Gotama for undertaking any enquiry, this list informs us of those things he thought it was justifiable to want to arrive at certain knowledge of, and about which there is, prior to any enquiry, an element of doubt as to their existence and/or nature. Knowledge about these things would, further, contribute to the 'highest good', which is the main purpose of the enterprise.

Proof of the Self

As an example of the way Gotama applies the method he lays down in his *Nyāya Sūtra* to the items on his list of valid objects of enquiry, let us look at his 'proof' of the existence of the essential self (ātman). This object of enquiry clearly fulfils the criterion of doubt, since there was far from being a consensus as to its existence and nature. On the contrary, it featured high on the agenda of those engaged in the religio-philosophical quest. The Naiyāyikas believed that the application of their method would produce conclusive certain knowledge of the existence of an essential self, and that acquiring this knowledge would be beneficial in the quest for the highest good. In looking at this example, one can also see the way the Naiyāyikas drew on the Vaiśeṣika system of substance and qualities.

Gotama puts forward the thesis that there is a plurality of selves. The reason he gives is that there is a plurality of consciousnesses, and there also exist plurally the qualities of desire, hatred, effort, pleasure, and pain. The example or rule cited is that a plurality of consciousnesses, together with these particular qualities, indicates immaterial, eternal selves that are separate from both the mind and the body: precisely these, in other words, are the characteristics of this kind of self. All of these characteristics are the case, indicating a plurality of selves. Therefore there is a plurality of selves. The sūtra in which the existence of the self is proclaimed (*Nyāya Sūtra* 1.1.10) is very cryptic, and its commentary, in which the argument is more fully stated, is not a model of clarity, so each methodological point requires a degree of drawing out. But this nevertheless is the shape of the 'proof' given for this object of enquiry. It is also stated that the qualities only inhere in the self prior to liberation from rebirth, after which each self is free from all qualities but retains its individuality, which is eternal. In a clear reference to the Vedic textual exegetical traditions, Nyāya claims that this is a far more certain way of knowing about the self than relying on testimony.

Needless to say, this and the other 'proofs' given in the *Nyāya Sūtra* and its commentaries, such as those for the separate plurality and nature of 'minds', were subjected to all manner of critiques by contemporary and later thinkers. The method, however, has been taken seriously to this day, both within the Indian tradition and also in Western philosophical circles, where it has provided one of the most accessible aspects of the Indian tradition to extrapolate for consideration in the context of Western thought. Among other things, modern scholars have debated its structure and relative methodological merits in comparison with Aristotle's syllogism, frequently exemplified as: 'All men are mortal; Socrates is a man; therefore Socrates is mortal.'

To sum up, the Nyāya-Vaiśeṣika view of the world is one of pluralistic realism. They take it that the perceiving of something conveys to the perceiver knowledge of the independent existence of that thing: if one sees, say, a rose, then one can take it that the rose is transcendentally real. This means that it is not just the qualities that inhere in the rose, such as redness and a sweet smell, that are knowable by means of sensory perception, but also the rose itself as a separately existing substance. This realism is reliable enough for it to function as the basis of the Nyāya system of inferential reasoning in order to acquire certain knowledge of the existence and nature of other, more important and soteriologically significant, things such as eternal selves and minds, that are not knowable by means of perception alone. Thus the main means of knowing utilized in the Nyāya-Vaiśeṣika darśana(s) are perception, reasoning, and inference.

Chapter 6
Things and No-things
Developments in Buddhist thought

We saw in Chapter 4 the way in which the advent of challenging alternative teachings and ideas prompted orthodox brahmins to attempt to defend the validity and authority of the Vedic material, both the ritual manuals and the Upaniṣads. And we have seen how this was to influence the pluralistic realism of the more systematic Nyāya-Vaiśeṣika discourses. Alongside these developments taking place under the umbrella of the Brahmanical tradition, Buddhist thought and teachings were also being subjected to scrutiny, adaptation, study, and revision. Before embarking on a discussion of these, it is worth mentioning that, both internally and in relation to other schools of thought, many of the ideas and arguments put forward by Buddhist thinkers can seem very difficult for the beginner to grasp. I hope, however, that the broader context this chapter will cover will help in clarifying any problems the reader may encounter. The profundity of Buddhist philosophy is also worthy of perseverance: it contains some of the most radical propositions in the history of human thought.

Varieties of Buddhist Thought

Within the Buddhist tradition the first serious debates concerned the monastic disciplinary rules, leading both to their acceptance and codification by some and to their rejection and revision by others. In this so-called 'schismatic' way began the early splintering of Buddhism into different 'schools': their initial disciplinary differences paved the way for differences in doctrinal outlook to emerge and take root among like-minded communities. Texts refer to some 18 schools which existed in India at various stages during the 800 years or so following the death of the Buddha. Of these, which might collectively be referred to as representing 'early' or 'pre-Mahāyāna' Buddhism, only Theravāda Buddhism survives to the present day, but others about which we have

Chronology

c.2000 BCE– : the Vedic sacrificial tradition.
c.800–500 BCE: the early Upaniṣads.

by 500 BCE: ritual and gnostic branches of the Brahmanical tradition coexisted.

5th-century BCE *milieu*: householders and renouncers.

c.485–405 BCE: the lifetime of the Buddha.

4th–2nd century BCE: grammarians and early exegetes establish the criteria of what should be 'looked at'.

3rd–2nd century BCE: Vaiśeṣika and Nyāya combine an ontology of pluralistic realism and a formal method by which to arrive at certain knowledge.

4th–1st century BCE: the early Buddhist tradition undergoes division into different schools. Initially based on different disciplinary codes, these gradually developed distinctively different doctrinal views.

3rd century BCE*–2nd century* CE: development of the Buddhist *Abhidharma* (in Pāli *Abhidhamma*) tradition: the scholastic activity of the investigation and categorizing of phenomena (dharmas/dhammas) in order to understand the nature of reality.

1st century BCE*–1st century* CE: the emergence of Mahāyāna Buddhism and the early *Prajñāpāramitā* ('Perfection of Wisdom') *Sūtras*.

c.*2nd century* CE: drawing on *Prajñāpāramitā* literature, Nāgārjuna's *Madhyamaka Kārikā* focus on the 'emptiness' (*śūnyatā*) of all phenomena, and establish the basis of the Madhyamaka (Middle Way) school of thought. Of central importance to Nāgārjuna's teachings is the Buddha's doctrine of 'dependent origination'.

c.*4th century* CE: the Cittamātra ('Mind Only'), or Yogācāra ('Practice of Yoga'), school of Buddhism establishes an alternative interpretation of the import of the *Prajñāpāramitā* teachings, seeking to redress the apparent nihilism of the 'emptiness' school. As suggested by the terms 'yoga' and 'mind', its approach centres on understanding meditative processes, or 'consciousness events'.

information include the Lokottaravādins, the Sammatīyas, the Sautrāntikas, and the Sarvāstivādins.

The criteria on which schools were doctrinally divided related to the ontological status of persons (in this case either the Buddha specifically or all human beings) and the world, themes common to the wider Indian milieu. The brahmins and the Nyāya-Vaiśeṣikas in some respects had a simpler starting point because their position accorded with a common-sense view of reality. But the Buddhists had to contend with initial teachings that focused on mental processes rather than the external world, and, what is more problematic, the teaching of 'not-self'.

For Lokottaravādins, the main issue was the status of the historical Buddha. Most Buddhists accepted that he was a man of the same status as any other, but the Lokottaravādins held that in some way he transcended normal humanity, and thus was not subject to the Buddhist metaphysical criterion of impermanence. (*Lokottara* is a compound of the words *loka*, 'world', and *uttara*, 'beyond' or 'above'.) Many later Buddhists came to believe in the transcendence of the Buddha, as well as that of other great figures of compassion and insight known as Bodhisattvas, but the Lokottaravādins were alone among early Buddhists in holding this view. Its significance for adherents was that the goal they hoped to achieve by following the teachings was a supramundane one.

Schools and texts of Buddhism

Textual sources suggest that during the 500 years following the lifetime of the Buddha, some 18 different schools of Buddhism were established. Initial 'schism' in the monastic group was based on disagreement over disciplinary rules, like-minded groups subsequently also interpreting teachings differently. The only early school of Buddhism to survive to the modern day is **Theravāda Buddhism**. Other early schools include the **Lokottaravādins**, the **Sammatīyas**, the **Sautrāntikas**, and the **Sarvāstivādins.**

Canonical texts are of three kinds:

doctrinal treatises – **Suttas** or **Sūtras**
monastic disciplinary codes – **Vinaya**
scholastic interpretation of teachings – **Abhidharma**

Extant **Abhidharmas** relate to the **Theravāda** and **Sarvāstivāda** schools.

The **Sautrāntikas** specifically adhere only to **sūtra** texts and reject the scholastic approach of other schools.

The Sammatīyas claimed that, notwithstanding the 'not-self' doctrine (which most interpreted as 'there is no self'), all human beings did have some kind of personal selfhood. No evidence remains of how this was thought to be constituted, but the views of Sammatīyas were roundly rejected by other Buddhists.

Abhidharma

The name of the Sautrāntika school (*sūtra-āntika*) indicates that the corpus of teachings this group accepted as most authoritative was that contained in the doctrinal treatises or Sūtras. They saw this distinction to be necessary because of the development of more scholastic, interpretive treatises contained in works known as the Abhidharmas. Both the Theravāda and Sarvāstivāda schools had their own Abhidharma: that of the Theravādins is extant in Pāli (the *Abhidhamma Piṭaka*) and that of the Sarvāstivādins is in Sanskrit. (As the brahmins engaged with others in defending their material, Sanskrit became the lingua franca of debate and text-writing in India, but all extant Theravāda works, preserved in Ceylon (now Sri Lanka) rather than in mainland India, are in Pāli.)

The Abhidharma tradition was concerned with (*abhi*) *dharma*(*s*). This 'concern with dharma' is seen in two ways. First, it relates to the understanding and definitive interpretation of the teachings (Dharma) as a whole. This was thought necessary because of the cryptic or ambiguous nature of the way the teachings were first presented, leading some to feel that the tradition required some kind of codified clarification. Words, phrases, sentences, and doctrinal teachings were subjected to close analysis and 'correct' definitions and interpretations were recorded. Second, the Abhidharmikas investigated the nature of reality in terms of 'dharmas'. Whatever there is, of whatever nature, can be referred to neutrally and non-predicatively as a dharma. That is to say, the term dharma does not in itself confer on to its referents any quality or status whatsoever. In Chapter 3 we saw the term used in this way (in Pāli) in the third line of the Three Marks of Existence formula: 'all dhammas are not-self'. The Abhidharmikas sought, then, to establish the nature of reality in the context of the Buddha's teachings in much the same way that Gotama's *Vaiśeṣika Sūtra* sought to do in the context of Vedic Dharma (confusingly, yet another use of the word Dharma).

Dharma again

In Brahmanical thought, dharma means both cosmic order and one's personal duty, as explained in the box on page 64–5. In Buddhism, dharma (Pāli *dhamma*) also has two important meanings. In the first instance, it refers to the teachings of the Buddha. On becoming a Buddhist, a person agrees to 'take refuge in' (i.e. accept, respect, and be loyal to) the Buddha, his teachings (the Dharma), and the community. Second, and of more importance to us here, dharma is the term used to refer loosely and generically to 'everything', without indicating anything about it. It is an umbrella term, applicable equally to concrete and abstract, immediate or remembered, sensory or conceptual, subjective or objective, sentient or insentient, organic or inorganic, and so on. The term first appears in this way in the early Buddhist teaching that 'all dhammas are anattā (not self)', discussed in Chapter 3.

The Sautrāntikas did not reject the validity of the efforts of the Abhidharmikas, but they gave priority to analysing and understanding the nature of reality as suggested in the teachings contained in the earlier doctrinal treatises (known as Sūtras), rather than developing a scholastic tradition. Their analysis centred on explaining the relationship between one's cognitive experience of the world and karmic continuity. The constituents of this experiential process (dharmas) were, they stated, impermanent, changing, and 'momentary', without any kind of inherent existence. In taking this stance the Sautrāntikas engaged particularly with the Sarvāstivādins, whose worldview was based almost entirely on their Abhidharma, a comprehensive work that seeks to establish that 'everything exists', which is the meaning of *sarva asti*.

In proceeding in their investigations, the Abhidharmikas of both schools attributed the 'not-self' doctrine in effect exclusively to human beings rather than to all dharmas alike. They did this by stating that human beings were comprised not of an independent self but of five coexisting constituent parts called *skandhas* (in Pāli, *khandhas*) – the same fivefold structure that was explained in Chapter 3 as the cognitive apparatus. These constituents were themselves subject to dharma analysis, but constituted the doctrine by which Buddhists rejected any claim by others to any kind of independent or persisting human selfhood.

The Sarvāstivādins were also exercised particularly by the reality status of dharmas in relation to continuity. How could there be any kind of causative link between impermanent dharmas, how could one understand the mutual relationship between impermanence and continuity? They answered such questions by claiming that while all dharmas are momentary, existing long enough only to effect continuity, they are also actually existent in all 'time modes' – past, present, and future. They attributed to dharmas a continuing fundamental 'essence' (*svabhāva*, 'own-being'), going so far as to refer to them as 'substance'.

The Theravādin Abhidharmikas pursued their investigation of dharmas not in terms of time-modes but by categorizing all aspects of experience in terms of kinds of dharmas. In this way they sought to make sense of why there are phenomenologically significant distinctions between, say, concrete and abstract aspects of experience. In all, the Theravādins categorized dharmas into some 28 'physical' and 52 'mental' categories, plus consciousness. The point for practitioners was to learn to observe and analyse them in meditative states, thus facilitating the attainment of insight.

The decline of Buddhism in India

For about a millennium after the death of the Buddha, Buddhism flourished in India. During the reign of the Maurya king Aśoka, in the 3rd century BCE, Buddhism became the official state religion of India and its monastic communities were heavily endowed. This led to the establishment of a strong community base in which ideas could proliferate and from which the Buddhist teachings could be spread. For centuries, Buddhist thought played a major role in the religio-philosophical life of India, contributing a variety of original and sophisticated ideas, critiques, and points of view. Many of these were conveyed to other countries, such as Ceylon (now Sri Lanka) and China (and via these to South East Asia and the Far East), establishing Buddhism as a major world religion. It is not known for certain how or why Buddhism virtually died out in India. There are a number of possibilities: that it became top-heavy, with insufficient lay members to sustain its continuity; that the proliferation of devotional cults within what we now call Hinduism attracted the masses away from Buddhism; that there was some kind of self-destroying long-term degeneration in monastic community life. Certainly when Muslims settled in India, from the 8th century CE onwards, they were able without difficulty to eradicate what remained of Buddhism in India: by then the monasteries were vulnerable to the wholesale destruction they suffered at the hands of the Muslim iconoclasts.

While the Theravādins never attributed any kind of essence to dharmas as the Sarvāstivādins did, both schools of Abhidharmikas challenged the Nyāya-Vaiśeṣikas on how they understood the relation between the cognitive appearance of objects and their ontological status, as well as the status of qualities, universals and particulars, and so on. The Abhidharmika critique centred on the nature and prolific quantity of the atoms postulated by the Nyāya-Vaiśeṣikas. They stated that it was erroneous and superfluous to categorize so many factors as separate types of atoms: qualities and universals, for example, were part of the cognitive event – necessary to it, but not separate ontological categories. In their critique of the absolute independence and eternality of atoms, a key argument of the Abhidharmikas' centered on the impossibility of partless atoms becoming joined with one another to form the various objects of our experience. If partless, how can part of atom X abut or join with part of atom Y? Furthermore, they denied both the claim that perception established the external reality of what is perceived, and also that what was perceived was atoms inhering together to produce discrete 'particular' wholes. The latter claim, the Abhidharmikas pointed out, denied the possibility of ever perceiving parts as well as wholes. And in any case, what is perceived has only temporary phenomenological status. Nyāya-Vaiśeṣika literature contains responses to these and other critiques, and indicates the way in which they either revised or reinforced some of their doctrinal points accordingly.

Having inherited from the earliest stages of Buddhism teachings that were far from philosophically explicit, and which were in any case primarily concerned with their soteriological efficacy, the Abhidharmikas were working with two concurrent situations. One was their belief that the growing Buddhist tradition needed to establish for its practising members a more detailed and systematic presentation of the teachings, replacing doctrinal ambiguity with definitive interpretation. They did this by drawing on a range of technical criteria from linguistic analysis to meditative practices. The other was the developing tendency to present teachings systematically in order to establish the validity and coherence of these criteria for themselves, and also to enable them to engage more readily with the conflicting claims of outsiders on similar matters. To some extent the Abhidharmikas were more or less forced into some kind of system of analysis and categorization of dharmas in order to render their teachings comparable with the Nyāya-Vaiśeṣikas.

Emptiness and the Perfection of Wisdom

It is highly likely, therefore, that the character of the Abhidharmikas' work demonstrates the interacting of different schools of thought and how these sought to present their own views in a way that conformed to the presentation of others. While the Buddhists did offer criticisms of the Nyāya-Vaiśeṣika views, in fact what happened over time was that the dharmas of the Abhidharmikas became increasingly reified: what were originally understood in more or less abstract terms gradually acquired the status of plural and real 'things'. In the light of the non-realism of the earliest Buddhist teachings, this reification presented an open invitation to a serious critique of the Abhidharmikas' position. When this came, it was from within the Buddhist tradition, and it contributed to the emergence of what is called Mahāyāna Buddhism, a pan-Buddhist movement that sought to establish a less misleading definitive understanding of the Buddha's teachings than that of the Abhidharmikas. Early stages of this movement are represented in literature known as the 'Treatises on the Perfection of Wisdom' (the *Prajñāpāramitā Sūtras*). These texts homed in on the dharma theories of the Abhidharmikas and exposed them as contrary to the teaching that all things are dependently originated and therefore lacking any kind of essence. The Perfection of Wisdom writers acknowledged that their predecessors had correctly recognized the non-essential nature of human selfhood, but claimed that they had completely failed to understand the generic nature of the 'not-self' doctrine. The Perfection of Wisdom writers therefore claimed to have a 'higher' and 'more correct' insight or wisdom, and so claimed that their teachings represented the 'superior way', which is what Mahāyāna means.

When putting forward their critique of the Abhidharmikas, the

Perfection of Wisdom writers had an advantage over the Buddha: they were not operating in a milieu in which the dominant new teaching was the brahmins' claim that human beings have an essential self (ātman) that is identical with the essence of the universe (Brahman). These later Buddhists were therefore free to put forward their formulation of the Buddha's doctrine in terms which made no mention of self, but stated rather that all things (dharmas) are empty (*śūnya*) of 'own being' (svabhāva). The neutral term 'emptiness' made the teaching less open to subjective appropriation and its generic applicability more conceptually graspable.

Nārgārjuna's Middle Way

Not long after the Perfection of Wisdom material began to emerge, the most devastating critique of any kind of realism or pluralism was put forward by Nāgārjuna, a brilliant Buddhist thinker who lived during the 2nd century CE. Nāgārjuna's seminal work is the *Madhyamaka Kārikā* (MK), 'Writings on the Middle Way', which also gives its name to the Madhyamaka school of thought associated with him. It is clear from the opening verses of the MK that Nāgārjuna believed he was putting forward an interpretation of the Buddha's teachings rather than a philosophical view of his own. It is also clear that he believed the central import of the Buddha's teachings was to be found in the doctrine of dependent origination: it is this doctrine that encapsulates what is meant by the 'middle way'. Nāgārjuna explains that this tied in with the Perfection of Wisdom teachings because: 'It is dependent origination that we refer to as "emptiness"; it is this that is the middle way' (MK 24.18). That is (and one can see how this is a reiteration of the teachings of the Buddha as described in Chapter 3), what is dependently originated is 'empty' of 'self-essence' (i.e. independent existence).

Nāgārjuna's critique of pluralism is as applicable to the atoms of Nyāya-Vaiśeṣikas as to the ambiguous ontological status of the Abhidharmikas' categories of dharmas (particularly to those of the Sarvāstivādins, to which were attributed an essence or 'own being' – svabhāva). It is likely, however, that his primary aim was to rectify what he saw as the aberrations of the latter in their presentation of Buddhist teachings. Picking up on their concern with dharmas, he states that not only do dharmas not have any kind of 'own being', but it is also impossible that dharmas with 'own being' can come about. His critique begins with the radical statement: 'Nowhere and in no way do any entities exist which originate from themselves, from something else, from both, or spontaneously.' (MK 1.1). In this statement Nāgārjuna was neither stating nor seeking to show that nothing exists. Rather, his concern was to establish the ontological implications of dependent origination in order to understand correctly the status of what there is. He believed that terms such as 'being' (as in 'own being' – what in English we might also call 'entity' or 'thing') were being used in the sense of erroneously implying the independent existence of what they referred to, and that the idea of a law of causation operating between such entities – dependent origination wrongly understood – was fallacious. His critique was aimed at demonstrating these points.

What Nāgārjuna states here can be better understood in four stages as follows: (1) It is not the case that something with 'own being' is produced from itself. (2) Nor is it the case that something with 'own being' is produced from something other than itself. (3) Nor, indeed, could it be produced from both itself and the other. The underlying point of these stages is that it is illogical to think that anything with 'own being' can come about by means of causes or conditions, because any entity that is caused or conditioned would be contingent: 'contingent own being' is nonsensical, and there is no independently existing causal 'other' anyway. (This is reiterated in MK 15.1–3.) (4) The final stage is the impossibility of things with 'own being' arising spontaneously, because if this were the case the world would be one of random chaos, which it is not. Commentators on Nāgārjuna added the further explanations that if something produced itself this would result in a continuous unbreakable chain of production of the same thing; that it is impossible for something with a particular 'own being' to produce something with a completely different 'own being' – where could the causal connection lie?; and that a mixture of these two modes of production would suffer from both kinds of problem.

Dependent origination, then, is not a theory of causation with respect to bringing about a pluralistically real world. The world of which dependent origination is the operational factor is of a different ontological status: one of 'emptiness'. This cannot be understood in terms of existence or non-existence, because neither applies to it. Existence is not the case because the conceptual meaning of existence predicates a plurally real world. If such a world were the case it would be fixed and unchanging for ever more because, as Nāgārjuna has shown, no law of causation can operate in such a world: independent constituents cannot be causally contingent. Non-existence is not the case because by means of dependent origination we do experience the phenomenal world. Here Nāgārjuna introduces the notion of 'two truths', conventional and ultimate, relating respectively to the empirical world of experience and to things 'as they really are'.

Two Truths and the Logic of Emptiness

The empirical world of experience is not unreal: we really experience it. If one could but see it, however, from the point of view of 'things as they really are', or ultimate truth (and of course this is what following the Buddhist path is intended to achieve – Enlightenment), one would know that the nature of its reality – its ontological status – is not the independent pluralism it appears to us as. Rather, what we take to be independent pluralism is in fact a world of conditioning and dependence – which in ultimate terms is conventional – and therefore 'empty' of any kind of essence or 'own being'. It follows from this that the experiential world with which we are familiar, characterized by seemingly separate and substantively existing contents, is all part of the conventional level of truth: which is another reason why it is erroneous to seek to understand things as they really are (ultimate truth) in terms of any criteria relating to 'existence'. Misunderstanding this, and suggesting that emptiness means non-existence, Nāgārjuna says, is to miss the profound teaching of the Buddha and will destroy weak-minded people (MK 24.9–11). In fact, he goes on, emptiness is the only logical ontological possibility for the world of empirical existence: holding to pluralistic realism is particularly illogical because it precludes any causation and change.

Nāgārjuna's stance on emptiness is most often referred to by means of the fourfold formula (earlier found in material attributed to the Buddha himself, as discussed in Chapter 3) that it is erroneous to think of anything in terms of existence, non-existence, both existence and non-existence, or neither existence nor non-existence. Much has been written, by Buddhists and scholars alike, as to exactly how the logic of this should be understood, what its implications are, whether it leads inexorably to some kind of nihilism, or whether it should be taken solely as a critique of the positions of others, establishing no position of its own. For our purposes, I think it is most helpful to see it as a way of comprehensively rejecting any possible position of opponents on the fundamental grounds that a prerequisite of any ontological theory posited in terms of existence/non-existence is drawing on the conceptual framework of merely conventional truth. From the point of view of ultimate truth it thus cannot be true: the very stating of it being self-refuting. The best way forward, and what one should be aiming to achieve if one wants to understand the nature of reality, according to Nāgārjuna, is the 'calming of all verbal differentiation'. Whatever we verbalize about reality is bound to be false because of the falsity of the premises of the conventional world in which verbalization operates. One should, therefore, seek to gain insight that is not structured in such terms (this is the aim of meditative disciplines). From this, it follows that 'emptiness' is itself to be understood as conventional and not an independently existing transcendent entity of some non-verbal kind.

Emptiness affirms the world as we know it

To an objector who states that if everything is empty then nothing exists, and that in propounding emptiness Nāgārjuna is denying the existence of the Buddha and his teaching, Nāgārjuna replies:

> In suggesting this, you obviously do not understand emptiness, and are tormenting yourself unnecessarily about non-existence. One has to understand the nature of reality in terms of two truths, conventional and ultimate: this is the profound teaching of the Buddha, which will destroy those of weak intelligence who understand it wrongly. Only if emptiness is logical is the empirical world logical; without emptiness, the empirical world is absurd. If you state that entities are independently real then you deny the possibility of conditions and causal relationships. Nothing with which we are familiar could occur if all is not dependently originated [i.e. empty]: nothing could arise or cease, no knowledge could be acquired or ignorance eradicated, no activity undertaken, there could be no birth or death, everything would be immovable, without changing its state. It is you not I who suggest the non-existence of the world as we know it. If you deny emptiness you deny the world. But those who see the truth of dependent origination see the world as it really is, and understand the Buddha's teaching of dukkha, its arising, and the way to its cessation.
>
> (*Madhyamaka Kārikā* ch. 24 – paraphrase)

NB The last point identifies the sense of what Nāgārjuna is saying with the Buddha's Noble Truths.

Nāgārjuna writes of the 'emptiness of emptiness': it is a description not a substratum. Furthermore, there is no ontological difference between levels of truth: the only difference is experiential. For so long as one is ignorant of how things really are, one is subject to the experiences and criteria of conventional truth. When one gains insight, one sees the conventionality and understands emptiness. In complete contrast to the Vedic exegetes and the Nyāya-Vaiśeṣikas, what language predicates for Nāgārjuna is not a transcendentally pluralistic reality but a conventional world that has to be 'seen through' if one is to realize absolute truth.

The calming of verbal differentiation

The very ideas of 'entity' and 'non-entity', 'existence' and 'non-existence', are part of a fallacious attitude towards the empirical world of conventional truth. Neither the positive nor the negative is therefore true. Nor is it possible that anything could be both one and the other at the same time since by any standards this is mutually contradictory. And for something to be 'neither one nor the other' is meaningful only if the initial premises are true, which in this case they are not. At neither level of truth is it correct to think of things as existing, non-existing, both, or neither: such conventions are erroneous at the conventional level and inapplicable at the ultimate level. Since all dharmas are empty, what can there be that is finite, infinite, both, or neither? what can there be that is eternal, temporal, both, or neither? Liberating insight comes with the calming of all such verbal differentiation. At no time did the Buddha teach anyone about 'things', only about verbal differentiation.

(*Madhyamaka Kārikā* 11–24 – paraphrase)

Establishing Nāgārjuna's 'means of knowledge' is hazardous if one is to be true to his two levels of truth: all sensory and intellectual activity take place only conventionally, and therefore nothing that comes to us by means within this framework is reliable. But Nāgārjuna is adamant that the level of conventional truth is the realm in or from which insight is gained, and that its reality is meaningful according to its own criteria. In this context, one can see the importance for him of logic. But unlike the logical methodology of Nyāya, Nāgārjuna uses logic to undermine the fundamental premise on which all other extant means of knowledge rest: the external reality of the empirical world. Whether Nāgārjuna sought solely to reduce the viewpoints of everyone else to absurdity in this way, or whether he also used logic to establish a position of his own on emptiness, was an issue that divided his followers. Two distinct Madhyamaka schools of thought were established along these lines, and later critics, both within the Buddhist tradition and outside it, addressed both.

The Buddha's Enlightenment insights – a reminder

1 **Seeing the continuity of his previous lives leading to the present.**

2 **Seeing other beings born and reborn in circumstances conditioned by their actions.**

3 **Seeing how to uproot the deepest of the binding continuity tendencies:**

- i **All sensory desires.**
- ii **The desire for continued existence.**
- iii **Ignorance.**
- iv ***Holding to viewpoints*. [my italics]**

Mind-Only

An important non-Madhyamaka school of thought established some two centuries after Nāgārjuna was the Citta-Mātra ('Mind Only') or Yogācāra ('Practice of Yoga') school. Associated in its early stages with two brothers named Asaṅga and Vasubandhu, who lived during the 4th century CE, its approach also sought to rectify the Abhidharma reification of dharmas, but differed from Madhyamaka in two obvious ways. First, it focused specifically on the analysing of mental processes; second, it was concerned to present Buddhism in what it saw as a less negative light. The teaching on emptiness propounded by Perfection of Wisdom and Madhyamaka thinkers was thought by some to have unattractive and potentially misleading nihilistic connotations, directing attention away from the actual practice of understanding meditative states in order to attain liberating insight.

The Yogācāra approach, as evidenced in Vasubandhu's *Viṃśatikā* and *Triṃśikā* treatises, was to analyse the different types of 'state of mind', or 'consciousness event', which constitute one's pre-Enlightenment experiential world. Questions they addressed included What is it about those states of mind that bring about continuity? How does the karmic process of experiencing consequences of one's actions work? What is it that makes us ignorant? What has to happen in order for one to 'see things as they really are'?

The underlying problem, we are told, is that the commonly experienced world of self and other, subject and object, 'grasper' and 'grasped', is a mental construction, created by 'transformations of consciousness', imposed on a reality which, as it really is, is not like that. Continuity operates because transformations of consciousness as it were deposit 'seeds' in a 'consciousness storehouse', which come to fruition at some future time, when they produce the then correlatedly conditioned mental construction. While unenlightened, the experience of this process has the subject – object structure with which we are familiar, the structure operating because the consciousness storehouse is 'defiled' by ignorance as to the true nature of reality. These defilements, which are of many kinds, construct the various characteristics of our common experience as well as those that are specific to an individual because of the fruition of his or her karmic 'seeds'.

In order to overcome continuity, and as it were exhaust the consciousness storehouse's fuel, one has to penetrate the conventionality of the subject – object structure of mental processes. This is done by meditative disciplines (*yogācāra*), and by understanding that experience has 'three aspects'. The one with which we are most familiar is the 'constructed' aspect: the mentally constructed subjective – objective world. At this level, the main feature is one of reification: the 'constructedly real' world. The 'dependent' aspect is the underlying mental activity which is as it were transformed, the 'raw data' of experience. This aspect cannot be denied: experience is the common

Vasubandhu's three aspects of experience

1. *The constructed aspect*: the everyday world of subjectivity and objectivity, which is superimposed by our mental activities on to reality, which is not itself like that; it is our own mental processes that interpret the superimposed construction as reality itself.
2. *The dependent aspect*: the underlying 'raw data' of subjective – objective experience; that which undergoes mental transformations and becomes the constructed aspect.
3. *The perfected aspect*: the flow of experiential data unaffected by mental transformations. This constitutes insight into reality as it really is: without any subject – object construction.

ground or given for all human beings that no amount of philosophical argument can refute. The 'perfected' aspect is the complete absence of any mental constructions operating on the experiential 'flow'.

Several features of this explanation are important to note. First, in explaining how the world of objectivity arises by means of transformations of consciousness, it denies claims by Nyāya-Vaiśeṣikas and others that perception of an object establishes the transcendental existence of that object. Second, it relates to the fact of experiential continuity in a 'positive' and psychologically appealing way: in insisting on the reality of experience its starting point is familiar rather than abstract. This was important in the psychologically baffling (and to some unacceptable) context of the doctrine of 'emptiness' as radically presented by Madhyamaka. Third, from an ontological point of view it is open to interpretation either abstractly or substantively. That is to say, karmic 'seeds' and 'consciousness storehouse' can be understood either as metaphors or as actual entities, as can the whole notion of 'mind-only'. Liberating insight might simply involve the cessation of the mental activities which, for so long as they continue, are metaphorically indicated by the expression 'consciousness storehouse' – as a kind of operation-in-progress; or it might mean that an actual 'consciousness storehouse' entity becomes purified, and has some continuing purified existence. Similarly, the 'transformation of consciousness' might mean the dynamics of mental activities which each person experiences, of a wholly non-concrete kind, or it might refer to the way consciousness as some kind of 'mind-stuff' is transformed into the world of experience in a more substantive sense, as a real substratum. The term 'mind-only' is appropriate to both approaches: the need to understand one's mental activities in order to attain liberating insight, and the claim that the experiential world consists of mind-stuff.

Yogācāra Buddhists themselves as well as scholars of Buddhism have been divided on this last issue. Within the tradition, the different approaches led to the establishing of different schools of Yogācāra

Buddhism. Scholars differ as to whether the tradition was always idealistic in the ontological sense (there is only mind-stuff), or whether it began as an investigation of mental activities, leaving ontological issues aside, and developed an idealistic school later. The early material is ambiguous, open to interpretation in either way reasonably convincingly. It is worth noting, however, that if Vasubandhu was suggesting a non-ontological investigation of subjective cognitive processes, he would have had much in common with both the teachings of early Buddhism and, though very differently presented, with Nāgārjuna's calming of verbal differentiation. Conversely, if he was seeking to establish an idealistic ontology, this would constitute a major change of direction.

Idealism

Idealism as an ontology holds that 'all there is is mind'. Some kind of 'mind-stuff' constitutes the underlying substratum of reality. It is in some manner 'transformed' by mental activities. Thus, what we see is not what there really is, because what we see is reified into objects of varying degrees of density: we are not aware of just 'mind-stuff'. Because there really is 'mind-stuff', idealism is not the same as saying 'there is nothing'. For this reason it is potentially misleading to describe it in terms of 'illusion'. Idealism is the antithesis of any kind of pluralistic realism. The latter affirms that the plurality of what we see is transcendentally real; the former denies that this is the case.

Vasubandhu and his followers in the Yogācāra tradition made a great contribution to the period in which Buddhist discourse flowered. Beginning with Nāgārjuna, for some centuries Buddhist thinkers offered some of the most original and sophisticated ideas and critiques in the Indian milieu. In particular, they offered a serious challenge to those who attributed realism to the world as it is appears to us by means of

Developments in Buddhist Thought

The **Buddha** taught: 'all dharmas are "not-self"; there is a regularity to things: everything is dependently originated.'

The **Abhidharmikas** attempted to understand more about the nature of reality in terms of dharmas.

The **Theravādin Abhidharmikas** categorized dharmas into 28 'physical' and 52 'mental' kinds, plus consciousness. It was intended that this should help in analyzing them during meditation.

The **Sarvāstivādin Abhidharmikas** stated that all dharmas exist through past, present, and future states. In this sense, they have some kind of momentary essence, or 'own-being'.

Over time, the dharmas of the **Abhidharmikas** became reified: they acquired a real and enduring status as 'things'.

The **Perfection of Wisdom** writers reiterated that all things are non-essential. They presented the 'not-self' doctrine by stating that all things are 'empty' of 'own-being'.

Nāgārjuna stated not only that all things are 'empty', but also that it is not possible for any independent entity to arise or occur in any way whatsoever. 'Emptiness' is thus another way of referring to dependent origination. Furthermore, the world as we know it is underpinned only by dependent origination: to deny this is to deny the world.

Yogācāra thought sought to present the metaphysics of emptiness in terms of the mental processes that 'construct' to the world as we know it.

sense perceptions, and to the independent existence of selves as perceivers. Rather, Buddhists were prepared to follow the logical implications of beginning with questioning the reliability of the cognitive process as a means of certain knowledge, however radical the results. Apart from his highly sophisticated and original writing on emptiness, in defence of what he saw as the true teaching of the Buddha, what Nāgārjuna established for Buddhism was the strength of logical argument in backing its position and its critiques of others. This led to a flourishing tradition of so-called 'Buddhist logic', in which logical arguments and refutations concerning dharmas and the nature of existence were engaged in with others at a highly intellectually specialized and technical level. Major Buddhist logicians included Diṅnāga and the outstandingly brilliant Dharmakīrti, who established rules of logical argument in debate with the later Naiyāyikas and others. While the 'givens' and aims might be radically opposed between the Buddhists and the realists, their respective arguments were of mutual meaning and interest because each followed the rules laid down between them.

Chapter 7
The Witness and the Watched: Yoga and Sāṃkhya

Yoga: Harmony and Control

From a very early stage in the Indian tradition, people were practising various kinds of mental exercises, or meditative disciplines, often known by the generic term 'yoga'. The earliest Brahmanical references to yoga are to be found in the Upaniṣads, but there is little doubt that these reflect a practice that even then had been developed over a considerable period. Over time, a great many different kinds of yoga have been taught, but they share an underlying rationale. 'Yoga' comes from the Sanskrit verbal root *yuj*, meaning 'to yoke' – in the sense of yoking one thing to another. The point for many lay in the idea of 'merging' or 'uniting': either self/soul (ātman) with universal essence (Brahman), or, in theistic systems, soul with God. It can also lie more in the linked concepts of internal 'control', 'harmony', 'order', or of what one might call 'integrity of insight'. The overall ontology can vary from system to system, but the common underlying principle was that normal life is characterized by 'being led astray' by our senses, and by the misleading busy-ness of everyday cognitive activity. The practice of yoga, therefore, is for the purpose of attaining control, calm, and, in some systems, cognitive insight.

The darśana of Classical Yoga is represented in a text known as the *Yoga Sūtras*. Commonly attributed to a man named Patañjali, in fact the

Chronology

c.*2000* BCE– : the Vedic sacrificial tradition.

c.*800–500* BCE: the early Upaniṣads.

by 500 BCE: ritual and gnostic branches of the Brahmanical tradition coexisted.

5th-century BCE *milieu*: householders and renouncers.

c.*485–405* BCE: the lifetime of the Buddha.

4th–2nd century BCE: grammarians and early exegetes establish the criteria of what should be 'looked at'.

3rd–2nd century BCE: Vaiśeṣika and Nyāya combine an ontology of pluralistic realism and a formal method by which to arrive at certain knowledge.

4th–1st century BCE: emergence of different Buddhist schools

3rd century BCE*–2nd century* CE: development of the Buddhist Abhidharma.

1st century BCE*–1st century* CE: the emerging of Mahāyāna Buddhism and the early *Prajñāpāramitā* ('Perfection of Wisdom') *Sūtras*.

c.*2nd century* CE: Nāgārjuna's *Madhyamaka Kārikā* focus on the 'emptiness' (śūnyatā) of all phenomena.

c.*4th century* CE: the Cittamātra/Yogācāra school of Buddhism centres on mental processes.

3rd century CE: The *Yoga-Sūtras* represent what is known as 'Classical Yoga'. Said to have been written by one Patañjali, in fact their authorship is uncertain. The *Yoga-Sūtras* present a detailed mental disciplinary methodology for attaining liberating insight, a methodology that is compatible with the ontology of Sāṃkhya.

4th – 5th century CE: Īśvarakṛṣṇa codifies classical Sāṃkhya in his *Sāṃkhya Kārikā*. Human beings are bound to rebirth because they do not realize that what they take to be conscious is unconscious, and that consciousness lies only in ontologically separate and inactive 'selves' (*puruṣa*). The aim is to gain insight into this dualism.

authorship of the *Yoga Sūtras* is not known, and there were in any case several Patañjalis (including the grammarian mentioned in Chapter 4). The text incorporates a comprehensive yoga methodology. Indeed, it seems that the method is its main purpose, with references to the ontology to which it adheres being included only in order to justify or elaborate the purpose and structure of the methodology. While concerned with similar issues and similar details, virtually no references are made to other systems of thought: if the proponents of Classical Yoga engaged in debate with others, those encounters are not recorded here. The text is above all a manual for practice, and its various criteria and formulations were undoubtedly arrived at from within a long tradition of practice as opposed to debate. Philosophical abstractions are of less interest to the yogic practitioner than the insights of meditation, and efficacy in practice of more importance than convincing others. This darśana perhaps exemplifies more than any other that Indian 'philosophy' is part of a tradition whose primary aim and purpose was soteriological.

The Purpose of Classical Yoga

The *Yoga-Sūtras* open by stating their aim:

> Now the explanation of yoga: yoga is the cessation of the activities of the mind (*citta-vṛtti-nirodha*: mind-activity-cessation). (Yoga Sūtra 1.1–2)

The activities of the mind (*citta-vṛtti*) are of many different kinds, under the broad headings of valid cognitions, misconceptions, conceptualizations, sleep, and memory. The means of knowledge for valid cognitions are sense-perception, inference, and the testimony of tradition. Misconceptions are invalid cognitions, not based on any actual reality. Conceptualizations are cognitions based merely on abstract mental activities – the tendency to conceptualize reality only in terms of 'the reifying of verbiage', one might say. This actively interferes with seeing reality as it really is. Sleep also involves its own kind of mental activity, and memory is the carrying around with us of whatever we have experienced, involving more mental activity. The cessation of all of these is achieved by means of yogic practice and detachment (i.e. control). Experiences and states of mind such as sickness, doubt, carelessness, sloth, falseness, failure, and instability all distract consciousness and constitute obstacles to achieving cessation. Pain, depression, trembling of the limbs, and poor breathing accompany these obstacles. The way out lies in focusing the mind single-pointedly, practising outward-lookingness (i.e. not being self-centred in the selfish sense), benevolence towards others, right breathing, and mental steadiness. (This explanation is paraphrased from *Yoga Sūtra* 1.5–22, 29–35.)

From this can be seen that the author of the text denies that ultimate reality is arranged in the way we conceive of it according to our experience of the manifest world. Mental activities in general create distractions which seriously distort and lead us away from clear perception of reality. Underpinning the Yoga methodology is the aim to discriminate that the true 'seer' or 'self', known in this system as *puruṣa*, is absolutely separate from the 'seen' or 'manifest', *prakṛti*. Until discrimination is achieved, each individual wrongly believes that the 'seer', which is where consciousness lies, is part of what is manifest. We confuse our manifest, unconscious 'ego' with our 'higher self', when in fact the latter is wholly other: the manifest world is one of unconscious activity; consciousness belongs to puruṣas, which are also inactive. It is the 'conjunction' of puruṣa and prakṛti that brings about the delusion: discrimination, achieved when the distracting activities of the mind are stilled, effects their disassociation. Thus is the true self liberated from bondage to rebirth, which continues for so long as there is conjunction. It is the true self (puruṣa) that is of the highest and 'truest' reality; realizing it is the *summum bonum* to which human beings can aspire. Knowledge of the true nature of the self, and the reality of one's essential puruṣa, is the central concern of the *Yoga Sūtras*. In spite of our ignorance as to where consciousness lies, in Classical Yoga the manifest world is not unreal. Prakṛti – the manifest world – is ontologically existent in its own right, as are puruṣas. But prakṛti is a world both of distraction from the true and 'higher' state of things and of bondage to rebirth. The aim, therefore, is to discriminate selfhood from prakṛti.

Īśvara – the 'Lord' – in Classical Yoga

In Yoga Sūtra 1.23–8, we are told that the goal of discrimination can also be achieved by means of 'devotion to the Lord (Īśvara)'. The Lord is said to be 'a special puruṣa', untouched by karmic activities, all-knowing, and teacher of ancient sages. Exactly what these verses mean is not obvious, and there has been disagreement among scholars as to the status of this Lord: whether it/he is a transcendent being, giving Classical Yoga a theistic aspect; whether these verses refer to the fact that the methodology of Classical Yoga was followed by adherents of theistic sects; whether Īśvara is an abstract archetype; or whether the verses are metaphorically indicating what each individual will find if they 'look within': each person's puruṣa is his or her own 'Lord'. In Indian religious traditions devotion can sometimes mean 'single-mindedness' rather than 'worship'; thus the expression here does not necessarily imply devotion to an actual deity.

The practice of yoga by the deluded individual is necessary for two reasons. First, ignorance occurs only at the manifest level. Second, it is at the manifest level that discrimination takes place. Being inactive, puruṣa does, and can do, nothing: its role is that of witness.

The bulk of the *Yoga Sūtras* comprises descriptive information about different states of mind, different ways of controlling mental activities, different levels of attainment, what contributes to the cessation of the activities of the mind and what does not, and so on. Some of this concerns the way in which selfhood is experienced, both as the false prakṛti-level 'ego' and as the discriminated puruṣa. Much of it is, in its own context, technical, and has little actual meaning to those who have no experience of meditative states. One Western scholar of Classical Yoga has described the material as 'primarily practical maps for the process of an interior journey', which graphically suggests that the text principally represents not a clear philosophical or ontological stance, but an account of meditative practices by means of which all activities of the mind that hinder discrimination are controlled.

Sāṃkhya: Reasoning for Dualism

By contrast, the main text of Classical Sāṃkhya more overtly incorporates an elaborately explained ontology and clear discussion of its means of knowledge. This text, the *Sāṃkhya Kārikā* (SK), is said to have been written by Īśvarakṛṣṇa between 350 and 450 CE. It is clear from evidence in a variety of sources that there had been a long earlier history of Sāṃkhya thought, going back to Upaniṣadic times, which might well have differed in detail and from time to time in comparison with what is now taken as the tradition's key text. No earlier Sāṃkhya text survives, however.

The Sanskrit term *sāṃkhya* has several meanings, but in the context of this tradition means something like 'enumeration'. It refers to the point that the truth that the school purports to teach is known by means of enumerating, in the sense of analysing and discriminating, the categories which constitute the manifest world. The SK opens by stating: 'It is because of the anguish of suffering that the desire arises to know how to overcome it.' Following this clearly stated soteriological purpose, it goes on to state that what is required is a special kind of discriminative knowledge, which can discern 'the manifest, the unmanifest, and the knower'. The next verses establish the ontological distinction between puruṣas (the knowers – which are numerically plural, individually discrete, but ontologically identical to each other) and prakṛti (both manifest and unmanifest – but numerically one). Sāṃkhya, like Classical Yoga, is ontologically dualistic in this way: reality is comprised of puruṣas and prakṛti. In its unmanifest state, prakṛti is an uncreated ontological 'given', becoming manifest (its 'created' form) when in conjunction with a puruṣa (how this happens is unexplained). An important point in support of Sāṃkhya's dualism is that what becomes manifest is said to have pre-existed in unmanifest prakṛti: nothing new is created. This view, which we shall see again in the next chapter, is referred to by the term *satkāryavāda*: the view that the effect pre-exists in the cause. In the SK the point establishes both that the manifest world is ontologically really existent and that it is ontologically only one. The reasons given for satkārya in verse 9 are:

> Because non being is non-productive;
> because a material cause is necessary;
> because things cannot arise haphazardly from different things;
> because things can only be produced from what is capable of producing them;
> because this is the nature of causation.

This verse exemplifies the importance to Sāṃkhya of inference as a means of knowledge. Another example is the inference that there must be a plurality of puruṣas 'because there is a diversity of births, deaths, and activities; because different things happen at different times; because people have differently proportioned characteristics' (SK v. 18).

The other means of knowledge it accepts are perception and reliable testimony. Perception is qualified as 'the selective ascertainment of particular sense objects' (SK v. 5), which means that not all 'ordinary' perception is valid. And reliable testimony relates to the tradition's heritage of specialization, going back to the Upaniṣads as primary source. Inference and perception, however, take precedence over reliable testimony, and where the latter is illogical the former prevail. An example of this can be seen in the use of inference to establish the plurality of puruṣas, rather than accepting as a given the Upaniṣadic suggestion that self (ātman) is one with the universal essence (Brahman).

Sāṃkhya's structure of reality

	prakṛti			
puruṣa	unmanifest/ manifest (*sattva*/ *rajas*/ *tamas*)	*buddhi* (discriminator)	*ahaṃkāra* (I-maker)	mind 5 sense organs 5 action organs 5 subtle elements 5 gross elements

puruṣas are ontologically identical but numerically plural; they are eternal, unchanging, inactive, conscious witnesses

prakṛti is ontologically distinct from puruṣas; it is eternal, changing, active, unconscious

prakṛti is characterized by three qualities: goodness, energy or passion, and inertia, which combine in various proportions in all of the manifest world.

Qualities, Categories, and Discernment

The whole of prakṛti is 'coloured' by three fundamental qualities, the 'characteristics' of SK v. 18, loosely translated from the Sanskrit as goodness, energy or passion, and inertia. The variously proportioned combinations of these three in any given being or object serve to 'manifest, activate, and limit; to successively dominate, support, and interact with one another' (SK v. 12), thus explaining how there are different categories or species, and differences between people and things of the same kind. For liberating discrimination to take place, there must be no imbalance of the qualities.

As well as this threefold nature of prakṛti, its manifestation is structured according to the various categories that require analytical discernment in order to overcome suffering. The first category is *buddhi*, which acts both as the 'will' of the individual and as the discriminating faculty: it is this which will 'selectively ascertain particular sense objects' in the quest for liberation, and eventually discriminate puruṣa. Next is *ahaṃkāra*, which literally means 'I-maker'. This is the ego, that in its ignorance of puruṣa mistakenly thinks it is the conscious self of the individual. After these two major categories comes mind, as a category in its own right, followed by a series of 'sets': the sense organs (eye, ear, nose, tongue, skin); the action organs (voice, hands, feet, excretory organs, reproductive organs); the 'subtle elements' (sound, touch, form, taste, smell); and the 'gross elements' (space, wind, fire, water, earth).

The 'enumeration' (*sāṃkhya*) of these categories provides a picture both of how it is that human beings, constituted of unconscious prakṛti, think they are conscious, and also of how discrimination occurs from within that unconscious state. The I-maker is the constituent that makes us think we are conscious: it is phenomenologically experienced as the thinker of thoughts, the agent of deeds, the individual subject in the empirical world. It is, however, enveloped in prakṛti, which acts as it were as a blinker as to the true state of affairs. Buddhi, the individual's will and discriminatory faculty, is drawn towards the powerful I-maker as the focus of the individual's experiential life, which is altogether away from the ever-present but inactive puruṣa. It takes the combined efforts of the individual's faculties (and this would be thought to be over many lifetimes) to reorient the direction of buddhi's discriminatory activities. The *Sāṃkhya Kārikā* states many times that the innate purpose of the entire structure is to seek to discriminate puruṣa. But this involves overcoming the pull and distractions caused by out-of-balance qualities, in particular by a predominance of either passion or inertia. These bring about all manner of ignorances, inadequacies, attachments, and complacencies. Eventually, however, it is possible for the individual's buddhi to extricate itself from involvement with the vicissitudes of cyclical life sufficiently to perceive that what the I-maker creates is merely a false or inferior self, and that the true self is puruṣa, detached and silently waiting in the wings. This perception effects disassociation of puruṣa from prakṛti and liberates the individual from rebirth.

So qualitatively inferior is prakṛti to puruṣa, and so deluded is the sense of self imparted by the I-maker, that it is stated in the *Sāṃkhya Kārikā* that in fact 'nothing really is bound; no-one is reborn and no-one is released' (SK v. 62). As it is only prakṛti that is involved in cyclical experience, and as the conscious 'selves' of prakṛti are a delusion, in fact rebirth of such 'individuals' does not constitute rebirth of real selves. Puruṣas merely witness.

No detailed methodology is given in the *Sāṃkhya Kārikā* for achieving discrimination. There is mention of the need to practise proper reasoning and study, and to obtain good instruction, as well as to perfect ethical qualities (SK v. 51). Otherwise, the system provides a structure compatible with the practice of the meditative exercises of Classical Yoga. The different terminology of Sāṃkhya's distracting delusions could without difficulty be seen in terms of the 'activities of the mind' of the *Yoga Sūtras*.

A Postscript on Prakṛti

What invites questioning is whether the manifestation of prakṛti as described in the *Sāṃkhya Kārikā* can legitimately be understood as the manifestation of a real and plural world, as it is most often taken to be. I have chosen not to translate prakṛti in this book, but common translations are 'nature' and 'matter' (presumably in contrast to puruṣa as 'soul' or 'consciousness'). The categories of manifestation include all the gross elements that are normally associated with matter, and omit nothing that one might associate with the empirical world about us. But the order in which the manifestation occurs is the opposite of what one might expect if it is the empirical world, peopled by individuals in a real and plural sense, that is being described. In the text, cognitive faculties come first. And it is from the I-maker that the characteristics of the natural world subsequently emerge. Furthermore, the three qualities of which the whole thing is comprised – goodness, energy or passion, and inertia – are qualities that might well be considered psychological rather than material. One wonders, therefore, whether what is being described is a cognition-dependent world – each individual's own 'world of experience' – as described in the context of early Buddhist teachings in Chapter 3. This interpretation of the *Sāṃkhya Kārikās* might be problematic in the context of Sāṃkhya's ontological dualism – certainly as dualism is conventionally understood, and also its satkarya viewpoint (effect pre-existing in the cause) – which in this context is usually understood in terms of the transformation of prakṛti as substance. But it would fit well with the human existential problem as stated, and with the text's soteriological aim. And its compatibility with Classical Yoga's method would be unaffected. It is possible that the origin of the text's ambiguity on this issue lies in the long earlier tradition of Sāṃkhya, about which little is known.

Chapter 8
The Word and the Book
Bhartṛhari, Mīmāṃsā, and Vedānta

From the 4th century BCE onwards, orthodox Brahmanical thinkers continued the traditions of grammatical and exegetical work on the Vedic corpus of material which had been established by figures such as Pāṇini and Patañjali, Jaimini, and Bādarāyaṇa. As the different strands of Indian thought developed, many sought to maintain the supremacy of strictly orthodox practices and worldviews – whether their primary concern was for the ritual and realism of the karma-kāṇḍa (action section) of the Veda, or for the knowledge and cosmic essentialism of the Upaniṣads, which constituted both the end of the Veda (vedānta) and its jñāna-kāṇḍa (knowledge section). It was not until the 5th century CE, however, that a significantly new and different grammatical approach was put forward, and yet later still that the most important branches of the Mīmāṃsā and Vedānta darśanas were established. Over time, both of the latter incorporated under their respective umbrellas some distinctive variations which were propounded by different important thinkers in their traditions, as well as the ideas of those key figures discussed below.

Bhartṛhari – Grammar Again

During the 5th century CE, the grammarian Bhartṛhari put forward the view that the understanding of the relationship between the classical language of Sanskrit and reality was not just a way of defending first

Chronology

c.2000 BCE– : the Vedic sacrificial tradition.

c.800–500 BCE: the early Upaniṣads.

by 500 BCE: ritual and gnostic branches of the Brahmanical tradition coexisted.

5th-century BCE *milieu*: householders and renouncers.

c.485–405 BCE: the lifetime of the Buddha.

4th–2nd century BCE: grammarians and early exegetes.

3rd–2nd century BCE: Vaiśeṣika and Nyāya.

4th–1st century BCE: emergence of different Buddhist schools.

3rd century BCE*–2nd century* CE: development of the Buddhist Abhidharma.

1st century BCE*–1st century* CE: Mahāyāna Buddhism and the 'Perfection of Wisdom' Sūtras.

c.2nd century CE: Nāgārjuna's *Madhyamaka Kārikā.*

c.4th century CE: the Cittamātra/Yogācāra school of Buddhism.

3rd century CE: the *Yoga-Sūtras* of Classical Yoga.

4th–5th century CE: Īśvarakṛṣṇa codifies the dualistic ontology of classical Sāṃkhya.

5th century CE: the grammarian Bartṛhari develops an orthodox darśana alongside the philosophical activity of linguistic analysis. Understanding the role of language, he stated, leads to liberating knowledge of Brahman, the unifying essence of the universe.

7th century CE: the flowering of the Mīmāṃsā tradition of exegesis of the karma-kāṇḍa (action section) of the Vedas. Principal proponents include Kumārila and Prabhākara.

8th century CE: Śaṅkara's school of Advaita Vedānta, based on a 'non-dual' (advaita) exegesis of the Upaniṣads, 'the end of the Veda' and its jñāna-kāṇḍa (knowledge section).

11th century CE: Rāmānuja's Viśiṣṭādvaita Vedānta, a 'qualified non-dualism', also based on exegesis of the Upaniṣads.

principles – in his case the validity of the Veda and the world it represented – but was also a way of gaining liberating insight. In combining both these factors, Bhartṛhari saw grammar and the study of language as the highest of all religio-philosophical activities. His claim was that through understanding the way Sanskrit was correlated with the manifest world, by means of Vedic utterances, one could arrive at knowledge of the universal absolute (Brahman): language itself is, in a very real sense, the sound of reality.

That which is one, divided in different ways by differences in construction: Brahman, that highest one, is known when one attains an understanding of grammar.

(Bhartṛhari's *Vākyapadīya* 1.22)

Bhartṛhari was working at a time when a key concern of the grammarians was analysing the nature of the components of a sentence as the means by which knowledge is acquired. According to Bhartṛhari, it is a complete sentence that comprises a unit of meaning, the utterance of a sentence instantaneously conveying valid knowledge in a way individual words and phrases do not: the latter convey only partial and incomplete fragments of knowledge, which are both easily distorted and misleading. Furthermore, as meaning and words are united in the way we comprehend through sentences, there can be no knowledge except by means of language: to know something is to know it as it is expressed in language. So reality itself can be seen as knowable by means of comprehending its expression in sentences – or, rather, in one sentence. Bhartṛhari stated that while one can break down language into units of sentences and their constituent parts for the purpose of grammatical analysis, in fact language, as the sound of the universe, is itself continuous and indivisible. Here he draws out what he sees as the logical implication of the Vedic view that the universe is actively maintained by means of the ritually uttered sounds associated with the sacrifice. And he states that insight into this 'monistic sound' (*śabda-Brahman*) is the goal one should seek to attain.

Because Bhartṛhari's teachings sought to understand the way language corresponds to reality, they were of serious interest to Buddhist logicians, particularly Diṅnāga. The worldviews from which each approached the language/reality debate differed: Bhartṛhari's view incorporated the maintaining of the universe by means of Vedic ritual, whereas the Buddhists thought verbal construction perpetuated the world of ignorance and cyclical continuity. But the issue itself was the same for both sides, and what one might call his unifying of the sound-activity of Vedic ritual with the apparent monism of the Upaniṣads makes Bhartṛhari a significant figure within the Brahmanical tradition, which tended to separate the two strands of thought and practice. Though neither Mīmāṃsakas nor Vedāntins adopted his views entirely, both had points in common with him; and some later Mīmāṃsakas in particular were influenced by what Bhartṛhari had said about the ontological implications of the way language operated.

Mīmāṃsā: the Philosophy of the Ritual

For Mīmāṃsā thinkers such as Kumārila and Prabhākara, exegetes of the Vedic ritual texts rather than grammarians per se, the main point of their enterprise was the proper understanding of the nature of ritual, in particular the injunctions of the sacrifice. Indeed, for the orthodox it was a key aspect of their sva-dharma ('own-duty') that they should do this, for the study of the Veda is an intrinsic part of the structure for ensuring that it is handed on through the generations. Mīmāṃsakas accepted as a given the realistic plurality of the world around us in which the sacrifice was performed, and saw the sacrifice as the means for the maintaining of that world. More specifically, it was the means for maintaining Dharma – how things should be: this was the fundamental rationale of the sacrificial ritual injunctions. The injunctions themselves, being contained in texts representing eternal Truth, were seen as self-validating, an intrinsic part of the Dharma-package, so to speak.

In their attempt to understand the nature of the ritual more philosophically, later Mīmāṃsakas (following Jaimini) found the work of the orthodox grammarians to be of crucial relevance in the way language was linked to the nature of the world. They held that the uttering of a word indicates the existence of that which it designates. This assisted them as they sought to demonstrate the reality and nature of the plural world, which included a plurality of independent and autonomous 'selves' as performers of the sacrifice. They denied claims to monism put forward by early exegetes of the Upaniṣads by arguing that such claims failed to accommodate individual characteristics and idiosyncracies, ignorance, wickedness, and virtue; and they stated that Upaniṣadic injunctions to know one's self were for the purpose not of liberation but for the better performance of Vedic rituals. Similarly, they denied the Sāṃkhya position of inactive selves whose identity is 'lost' when conjoined with prakṛti: rather, the Mīmāṃsakas stated, the nature of selfhood is conscious agent (and therefore active ritualist). As Kumārila said in his *Ślokavārtika*: 'The injunction that one has a duty to understand the self does not have a goal of liberation. Such self-knowledge is clearly intended to motivate performance of ritual.'

Plurality and Realism: Another Take on Categories

The plurality and realism of the world was also argued for by Mīmāṃsakas by means of iterating the nature of its characteristics. This they did in a way similar to the analyses and categorizing of the Vaiśeṣikas, described in Chapter 5. The Mīmāṃsakas accepted five categories: substance, quality, action, universality, and absence. To the nine kinds of substance itemized by the Vaiśeṣikas (earth, water, fire, air, ether, space, time, self, and mind), they added darkness and sound. The relationship between substance and qualities and other categories was subject to analysis which resulted in what is called an 'identity in difference' position. Where categories coexist, such as with the colour red and the form rose, they are different only insofar as they each contribute to an identity. They cannot exist separately. Indeed, nothing perceivable is wholly different or wholly identical: rather, things are distinct in relation to each other or identical while being of different categories. All cognition involves this 'identity in difference' of the various aspects of the combination of categories involved.

The Mīmāṃsakas' epistemological theory

For Mīmāṃsakas, cognition represented a fundamentally valid and reliable means of knowledge, both of the world around us and of individual 'selves' as knowers. The act of knowing 'reveals' the external 'transcendentally real' existence of both known and knower: neither of these, that is to say, is in any way dependent on the operating of the cognitive process. Rather, cognition brings about a state of 'being known' in the object of knowledge, and a confirmation of the existence of the autonomous knower. The process of knowing therefore reveals 'truth', and in this case confirms the worldview of the eternal Veda.

The Mīmāṃsakas also held to a theory that all substance is reducible to atomic particles. But in contrast to the Vaiśeṣikas' microscopic atoms, which are not individually perceivable and known to exist only by means of inference, the Mīmāṃsakas gave greater priority to the reliability of perception, and held that atoms are no smaller than what can be seen with the naked eye – such as a mote in a sunbeam. They thus held to a strong common-sense view of reality, a feature which is emphasized by their acceptance of cognition itself as a valid and intrinsically reliable means of knowledge of a world that is external and independent of that cognition. What is known exists, and cognitions should be understood as actions which produce the quality of being known in their objects. Acts of knowing thus reveal the reality of the plural world simply by virtue of their occurring.

The Veda is True

This epistemological theory requires not that cognition needs validating – as was the approach of others, most notably the Buddhists – but that it needs to be proved false by an opponent if subject to challenge. This put the Mīmāṃsakas in a strong position with regard to the validity of the Vedas and the ritual injunctions they sought to defend. The status of the performers of the sacrifice was similarly established in that the act of knowing was said to indicate the existence of the eternal self as knower of the empirical world. That is to say, it is not just that cognizing an implement of the sacrifice reveals the independent existence of that implement, but also that such a cognition reveals the existence of the cognizer: the cognition 'I know X' is the means by which both X and the self are known to have autonomous existence.

These last two related points – the establishing of self and world by means of cognition – were of primary importance to the Mīmāṃsakas because of their belief that the Veda was eternal truth manifested in language. They held to the orthodox view that the Veda had no author.

Rather, it is self-existent truth, and cognizing it is an act of revealing its validity because cognition is intrinsically absolutely reliable. In common with the nature of the Veda as a body of injunctions to act, so knowing is itself a revelatory activity – and the self, as knower, is related to the external world, as known, by means of such cognitive actions. As well as establishing the validity of the Veda, this position sought to privilege the knower of the Veda as the agent of the perpetuating of reality – a claim that had always been crucial to the orthodox tradition.

Śaṅkara's Non-dualism

Other orthodox thinkers, following the approach of Bādarāyaṇa and drawing on his summary of the Upaniṣads in the *Brahma Sūtra*, saw the injunctions of the Veda in the context of the need to acquire knowledge of the essence of the cosmos, Brahman, rather than the performing of sacrificial rituals. There is evidence of a long lineage of so-called 'Vedāntin' thinkers (the Upaniṣads are the vedānta, or 'end of the Veda'). But it was the highly influential Śaṅkara, who lived during the 8th century CE, who consolidated Vedānta thought systematically enough to engage in serious polemical debate with others. Śaṅkara's principal work was a commentary on Bādarāyaṇa's *Brahma Sūtra*, explicating what he saw as a definitive exegesis of the message of the Upaniṣads. His main non-commentarial work is the *Upadeṣa-Sāhasrī*, 'The Thousand Teachings'. Śaṅkara used the *Brahma Sūtra*, the Upaniṣads themselves, and the *Bhagavad Gītā* as his three basic texts, and his exegetical work sought to present their teaching as a unity – what is called the 'triple foundation' of revealed truth.

To grasp Śaṅkara's position of Advaita Vedānta, a 'non-dual' interpretation of the ontology principally expressed in the Upaniṣads, one might take his starting point as the passage from the *Chāndogya Upaniṣad* which states:

> In the beginning, this world was just Being [i.e. Brahman] – one only,

without a second. . . . And it thought to itself 'Let me become many; let me multiply myself.'

(*Chāndogya Upaniṣad* 6.2.1–3)

coupled with:

> By means of just one lump of clay, everything made of clay can be known: any modifications are merely verbal distinctions, names; the reality is just clay.
>
> (*Chāndogya Upaniṣad* 6.1.4)

These key passages establish for Śaṅkara two fundamental points: a non-dual, monistic universe, the substance of which is Brahman; and the fact that all change is only apparent – Brahman does not actually change. This kind of monism is a form of 'effect pre-existing in the cause' (*satkāryavāda*) different from that we saw in the context of Sāṃkhya in Chapter 7. Here, the effect does not involve any actual transformation of the material cause, but is just an apparent manifestation of plurality. This is called *vivarta-vāda*: '[manifestation] by way of appearance'.

Śaṅkara goes to some lengths, however, to establish that the appearance of plurality does have conventional reality even if it is not ultimately real. He introduces two 'levels of reality' – conventional and absolute – in the process exposing himself to accusations of being a 'crypto-Buddhist'. Śaṅkara emphatically denied such claims, denouncing the emptiness and non-essentiality of Buddhist teachings, and proclaiming the fundamental reality of Brahman, the Being of the *Chāndogya Upaniṣad*, as the material substance of the universe. It is knowledge of the existent Brahman that is the ultimate experiential goal for man, not (merely) knowledge of the unsubstantiality of the cognitively constructed empirical realm, he said.

Śaṅkara also strongly criticized Sāṃkhya dualism as false, and stated that the plural realism of the Naiyāyikas and Mīmāṃsakas was to

Śaṅkara's non-dualism

The *advaita* of Śaṅkara's Advaita Vedānta denotes an interpretation of the Upaniṣads that gives a 'non-dual', or monistic, ontology. Everything is Brahman. It follows from this that one's self, ātman, is also Brahman: hence the famous expression 'ātman is Brahman'. For Śaṅkara, Brahman is an unchanging absolute essence. All plurality is only apparent, not actual. This does not mean, however, that it is correct to state that the plurality of the empirical world is absolutely unreal or non-existent. Rather, it is of only 'conventional' reality. His most frequently cited analogy is of seeing a snake where there is in fact a coiled rope. The false sighting is 'real' to us when it takes place, and has 'real' effects on us. But the coiled rope has remained unchanged, and can be perceived for what it 'more really' is when the false perception is seen through. Another related analogy more specifically relating to the self as a part of unchanging Brahman is:

> . . . The notion that the self undergoes rebirth and change is similar to the [false] experience one has when moving along a river in a boat that the trees on the banks are moving. Just as the trees seem to be moving in the opposite direction to the person in the boat, so the self seems to be being reborn.
>
> (*Upadeśa-Sāhasrī* 5.2–3)

mistake conventional plurality for absolute reality. Furthermore, all of these erroneous positions are in conflict with the true (i.e. Śaṅkara's) interpretation of the Upaniṣads; and whatever arguments, logical or otherwise, others might put forward in support of their stance, they all become invalid in the face of that Upaniṣadic interpretation.

In support of Śaṅkara's non-dualism

The self (ātman), indeed, is this whole world.

(*Chāndogya Upaniṣad* 7.25.2)

Brahman, indeed, is this whole world, this widest extent.

(*Muṇḍaka Upaniṣad* 2.2.11)

One should not on the strength of mere logic challenge something that has to be ascertained from the Vedas.

(*Śaṅkara's Brahma Sūtra Bhāṣya* 2.1.11)

The experience of conventional reality for Śaṅkara is one which arises because of ignorance as to the true nature of absolute reality. It is not unchanging Brahman but ignorance that is the source and cause of empirical plurality. And the overcoming of ignorance and the gaining of knowledge of the identity of one's essential self (ātman) and the universal essence (Brahman) effects liberation from the ignorance-induced cycle of rebirth. To the question 'where does ignorance come from if everything is Brahman?', Śaṅkara replies that from the standpoint of knowledge, there is no ignorance to ask the origin of: knowledge as it were 'cancels' all thinking in terms of ignorance; and from the standpoint of ignorance, the question cannot be answered as the notion of the beginning of ignorance is asked and meaningful only from within ignorance itself.

The conventional world is of crucial importance to Śaṅkara for two key reasons. First, it is at that level that the Veda reveals eternal truth. And second, it is at that level that one can seek to gain liberating insight. In a similar but more practically illustrative vein to Śaṅkara's rope-and-snake and bank-of-river analogies (see box on page 127), modern Advaita Vedāntins explain as follows: You are dreaming that you are

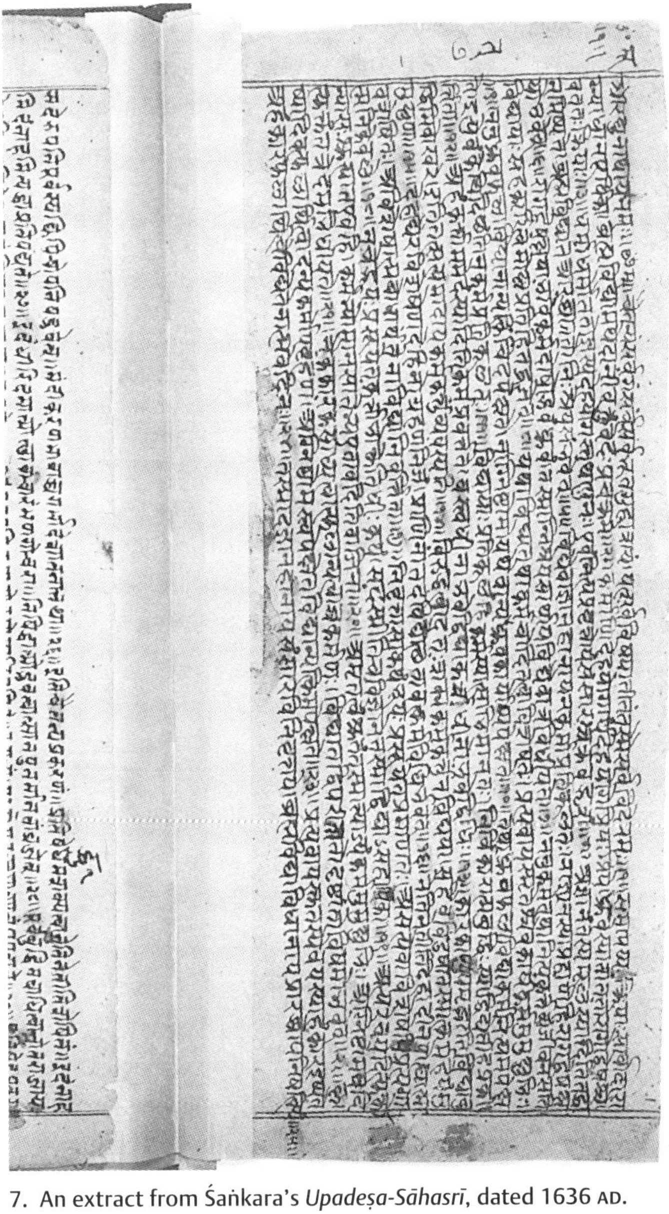

7. An extract from Śaṅkara's *Upadeṣa-Sāhasrī*, dated 1636 AD.

being chased by a man-eating tiger and are extremely afraid and run for your life. As well as experiencing what seems like very real fear, your body will undergo all manner of physiological changes, including increased heart-rate and sweating. Then in your dream one of your fellows who is not being chased shoots and kills the tiger. The sound of

Māyā – 'illusion' – and Śaṅkara's 'two levels of reality'

The term *māyā* is sometimes used in the context of Advaita Vedānta in the sense that conventional reality is 'unreal' or 'illusory'. While some other Advaita Vedāntins did use this term, Śaṅkara did not. Rather, he postulated two 'levels of reality', one absolute and one conventional. Conventional reality is the product of ignorance, *avidyā*. This means that the world we inhabit while ignorant is 'real' at that level; but when ignorance is replaced by knowledge, reality is seen to be different from the conventional world.

In Upaniṣadic terms – for it should be remembered that Śaṅkara was primarily an exegete – conventional reality is 'Brahman with qualities' (*saguṇa Brahman*) and absolute reality is 'qualityless Brahman' (*nirguṇa Brahman*). These expressions are to be found in the *Śvetāśvatara Upaniṣad*. According to this Upaniṣad, among the aspects of 'Brahman with qualities', as well as the conventional world, is a personal Lord. It is often overlooked that Śaṅkara was a theistic monist. He was a devotee of a personal Lord while also holding that ultimately all was one. The positing of the existence of a personal Lord is no more problematic for a monist than are the pluralities around us: ultimately it is all Brahman, personal Lord no less than people and objects.

the dreamed gunshot wakes you up, and at that point you realize that the level of reality of the dream is not the same as the level of reality of your waking state. But your experience both of the chase and of liberation from it derive from the 'less real' level.

Śaṅkara's Advaita Vedānta is perhaps the best known of Indian 'philosophies'. It was the first to be exported to and propounded in the West, being presented by the Vedāntin practitioner Vivekānanda at the World Council of Religions in Chicago in 1893 as 'Hinduism', and subsequently established in various centres, such as 'Rāmakrishna Missions', in many Western countries. It has since enjoyed such a high profile worldwide that not only do outsiders often not realize it is only one among many of India's schools of thought but it is also sometimes promoted as 'the orthodox religio-philosophical tradition of India' within the subcontinent itself.

Rāmānuja: Theist and Philosopher

In fact, more representative of the daily beliefs of many 'Hindus' is the thought of the 11th-century CE Vedāntin, Rāmānuja. Rāmānuja was a fervent member of a highly devotional sect known as the Śrī Vaiṣṇavas, whose object of devotion was the personal Lord as represented in a sectarian text called the *Bhāgavata Purāṇa*. But Rāmānuja also wanted to establish orthodox status for his sect, thereby giving it a superiority over other sects and 'authenticating' his own religious beliefs and practices, and he sought to do this by identifying the theology of the *Bhāgavata Purāṇa* with the ontology and philosophical teachings of the 'triple foundation' of orthodox texts used by Śaṅkara: the *Brahma Sūtra* of Bādarāyaṇa, the Upaniṣads, and the *Bhagavad Gītā*.

Rāmānuja was thus in a position not just of an exegete but also of defender of a specific religious stance. His teachings therefore needed to reconcile these two aspects of his approach. His system of thought, accepted as a branch of the Vedānta darśana as a whole because of the central position it accorded to the Upaniṣads, is known as Viśiṣṭādvaita Vedānta – Vedānta that is non-dual (advaita) but also qualified (*viśiṣṭa*). Unlike Śaṅkara's absolute monism, for Rāmānuja Brahman's oneness is qualified in that there exists within the oneness a relationship between Brahman as Lord (the monism is strongly theistic in Viśiṣṭādvaita Vedānta literature) and the individual self as devotee. Drawing on the rose and redness example used by predecessors, Rāmānuja states that it is the nature of Brahman to exist 'qualified' in this way: as a rose is to its redness, so Brahman is to individual selves. And just as a rose cannot exist without redness (or some other colour), so Brahman cannot exist without selves. These are intrinsic to one another as aspects of

Satkāryavāda – the 'effect pre-exists in the cause'

Satkāryavāda is the theory that nothing can come from nothing – 'creation *ex nihilo*' is impossible. Furthermore, whatever there is must have pre-existed in its material cause, as material causes cannot create something other than what is there in the first place. This theory can be interpreted in different ways. Sāṃkhya, for example, stated that manifest prakṛti pre-existed in unmanifest prakṛti, but that a plurality of puruṣas also existed separate from this. This is satkāryavāda in association with ontological dualism. For Śaṅkara, however, who is an absolute monist, there is nothing that is not unchanging Brahman, and all manifestation and plurality is but an appearance rather than a change in substance. This is known as *vivarta-vāda* – a theory of manifestation by way of 'appearance'. By contrast to these two, Rāmānuja's theory of satkāryavāda, while also monistic like Śaṅkara's, states that Brahman actually transforms itself into the world of plurality. This is known as *pariṇāma-vāda* – a theory of manifestation by way of 'transformation'.

Brahman's nature. Furthermore, these aspects, while not strictly speaking the same thing, are not different from one another either: Rāmānuja does not categorially separate them as the Vaiśeṣikas and Mīmāṃsakas did. Rather, he states that they are intrinsically and eternally inseparable, while also being distinct. This is the meaning of Viśiṣṭādvaita: 'qualified non-dualism'.

Again unlike Śaṅkara, according to Rāmānuja Brahman does not have a qualityless aspect, but is wholly with qualities. This stance is no doubt

According to Rāmānuja, Brahman has qualities:

> Those who maintain [Rāmānuja is here alluding to Śaṅkara] a doctrine of a substratum without any differentiation can offer no valid proof of this, because the objects of all valid means of knowledge are differentiated . . . therefore reality is differentiated and has qualities. . . . [Likewise] the view that all difference is unreal is completely erroneous. . . . Expressions such as *tat tvam asi* [you are all that] in the texts are not meant to convey the unity of undifferentiated substance; on the contrary, the words 'you' and 'that' indicate Brahman characterised by difference.
>
> (Rāmānuja's *Brahma-Sūtra Bhāṣya* 1.1.1)

> The Supreme Brahman – who is a treasure store of countless superlatively auspicious qualities, is flawless, possesses the infinitely great realm manifesting his glory, and is an ocean of superlatively gracious condescension, beauty, and forgiving love – is the principal entity, and the self is the subordinate entity.
>
> (Rāmānuja's *Vedārthasaṃgraha*, quoted in John Carman *Theology of Rāmānuja* p. 152)

partly because sectarian imperatives demand the emphasizing of qualities such as compassion, grace, and so on, as aspects of Brahman. Mention is made of such qualities in some of the Upaniṣads, and Śaṅkara incorporated them into his 'conventional' level theism within an ultimate absolute monism. But Rāmānuja saw these as real and active qualities of the stuff of which the universe is made: the empirical world is a real transformation of Brahman, manifesting qualities, pluralities, and so on that are all ontologically of the same substance. Rāmānuja strongly criticizes Śaṅkara's vivarta-vāda (manifestation by means of appearance) and states that as Brahman is actually the material cause of the empirical world, what is described in the *Chāndoga Upaniṣad* passage 'Being thought to itself, let me become many', is manifestation by means of transformation, *pariṇāma-vāda*. Brahman actually changes, is active, and has a relationship with individuals.

The Logic of the Exegetes

All the Vedic exegetes, whether concerned primarily with the nature and supremacy of the ritual or with the teachings of the Upaniṣads, were faced with the problem of inconsistencies throughout the large corpus of material with which they were working. Though the exegetes believed the texts were records of eternal truth, the ritual manuals and Upaniṣadic treatises were compiled over a vast period of time – possibly more than a millennium. It would thus be extraordinary if they did not contain considerable variations, and even a cursory study of them confirms that this certainly appears to be the case. This allowed different exegetical approaches to be accommodated, and quite different interpretations to have the power to convince in different areas. The attribution to the material, by all of such exegetes, of a status of epistemological certainty (by means of testimony) serves to illustrate an important aspect of the way in which much Indian philosophical thought is inseparable from what in the West would be called a religious worldview. The criticisms of others were frequently presented in logical terms; but they were also frequently founded on a logic internal to a particular system of thought, with arguments directed towards defending a worldview (darśana) which ultimately had soteriological aims. While the different logical arguments can be extrapolated and removed from the context of the tradition as a whole for intellectual interest and for the purposes of comparison with Western forms of logic, the classical Indian context was one in which there was no such formal separation.

Postscript
From Classical Thought to the Modern Day

Just as the high days of pre-Christian Greek philosophy, with its rich tradition of debate, waned over subsequent centuries, so too did the 'classical' period of Indian thought come to a gradual end. If one includes the earliest stages of the tradition, as I have done in this book, it flourished for an astonishing 1500 years – with the first five centuries of the Common Era seeing the greatest activity and variety. The texts and records that have survived to this day attest to very many others that have been lost, or are as yet undiscovered or unexamined, indicating an extraordinarily rich and diverse heritage of original thought and argument. The loss of much of the material is undoubtedly in part due to the fact that there is little or no tradition in India of recording details of historical figures, facts, or events, or of preserving information for a historical record as such. And a great deal of what we do have has survived with almost no information as to its author or origin save for a name, presenting scholars with the huge task, over and above those of editing and translating, of attempting to contextualize it accurately in its tradition. Although much scholarly work has been done to try to piece together biographical facts and chronologies, it is still extremely difficult to be certain about the geographical location in which schools of thought were established, preserved, and taught, to work out how and where it spread, to have anything other than a rough guide as to dates, or to know exactly who wrote which works. Sometimes a name on a text is no more than that – a name. So there is much that we simply do not know about questions of continuity in the Indian tradition, about what happened 'between' parts that we do know, or 'before' or 'after' certain key phases or events about which there is more certainty.

Much of the piecing together of the outline chronology that I have followed in this book was undertaken by pioneer scholars in the field of Indology. As a discipline, this began in the 19th century when a few Western missionaries and travelling academics learned Sanskrit and began editing and translating Indian texts. Many mistakes were made – in particular of the 'looking at Indian material through Western/Christian eyes' kind – but the early work nevertheless made an enormous contribution to making Indian thought accessible to the West. Work continues around the world, but it remains a comparatively small discipline, and there is still a vast amount of material to be studied properly.

In India itself, until outsiders learned Sanskrit, only a tiny elite were familiar with religio-philosophical material: Sanskrit was the language first of the brahmins, and then of educated 'thinkers', comparable with Latin in medieval Europe. After the classical period waned, there were some areas in which specific philosophical traditions were maintained, if on a less broadly interactive basis. One such that we know about was a 'new' school of Nyāya thought, where classical Nyāya was developed, criticized, and reinterpreted, and on which many further texts were written. Brahmin traditionalists also continued to study and preserve Pāṇini's grammar. What flourished more and were of more influence, however, were strongholds of devotional traditions such as the one Rāmānuja was a member of. Some of these (notably among the Śaiva groups) presented their theistic beliefs as highly sophisticated metaphysical systems, but it was nonetheless the case that cerebral concerns were of interest only to a very small minority. And while Śaṅkara left a legacy of centres where people could put his philosophy into practice, this was for religious exercise rather than as a debating or exegetical forum. Buddhism survived only outside India, in countries such as China, Japan, Sri Lanka, Myanmar (Burma), and Thailand. Scholarly Buddhists continued to engage in the more philosophical issues within their own schools of Buddhism, but the tradition endured largely as a religion.

In many respects, it was the interest of outsiders that triggered a self-conscious revival among many less 'popular' Indian traditions. Seeing that others were learning Sanskrit, seeking out and editing texts, and wanting to know about the history of the ideas of India, prompted Indians to resume a more active interest in their own classical traditions. Some did this with the aim of promoting their own particular tradition much as had been done in the past. This was the case particularly with Śaṅkara's Advaita Vedānta, which very successfully presented itself in a simplified form for Western consumption. This form is mainly of interest to Westerners whose concern is its soteriology. In India too, the focus of the Śaṅkara centres remains largely practical.

It has been educational establishments in India (many of which were established by the British in the 19th century) that have provided the milieu in which Indian philosophy flourished again during the 20th century. Professional Indian scholars joined Western scholars in studying the classical texts and, in university departments in India and the West alike, debate has resumed on the relative merits of different systems of thought, their internal coherence, the validity of their arguments, the strengths or weaknesses of their methodologies. In broad terms, this has been undertaken in a variety of disciplines, as scholars approach the material from different angles. Philologists, historians, students of religion, and philosophers have each raised different kinds of questions and contributed to modern debate in different ways.

Because of the influence of Western ways of doing things, however, there has also been a tendency to separate philosophy in the sense of rational argument from any context that incorporated more religious issues. So in India as in the West, Indian philosophy in a more specific sense has become an academic discipline concerned primarily with logic and linguistic analysis. In order to be taken seriously on the international stage of modern Western philosophy, it has had to compete only on those terms that are of interest to modern Western philosophers. Drawing mainly on the work of Naiyāyikas and Buddhists, some have devoted their professional careers to promoting Indian philosophy strictly in the sense of logical argument – in order to overcome Western preconceptions that Indian thought is 'mystical', 'magical', and anything but rational. Rationality, many thought (and many still think), was the province only of the West. While one must applaud any successful overcoming of such misconceptions, it is also to be hoped that before too long professional philosophers will be less reluctant to pay due attention to the wider context in which Indian logic was developed, and the reasons why it was developed: its total abstraction from context is a wholly Western cultural phenomenon. With its fundamental focus on the nature of reality itself, much more profound than this was the worldview of classical India.

Recommended further reading

Chapter 1

Simon Blackburn, *Think*, Oxford: OUP, 1999.

Sarandranath Dasgupta, *A History of Indian Philosophy*, Delhi: Motilal Banarsidass, 1975.

Paul Dundas, *The Jains*, London: Routledge, 1992.

Eric Frauwallner, *History of Indian Philosophy*, Delhi: Motilal Banarsidass, 1993.

John Hospers, *Introduction to Philosophical Analysis* (3rd edn), London: Routledge, 1990.

The chapter on Śaivism in S. Sutherland et al. (eds) *The World's Religions*, London: Routledge, 1988.

Chapter 2

J. L. Brockington, *The Sacred Thread*, Edinburgh: Edinburgh University Press, 1981.

Thomas J. Hopkins, *The Hindu Religious Tradition*, Belmont, CA: Wadsworth Publishing Company, 1971.

R. E. Hume, Introductory essay in *The Thirteen Principal Upanishads* (2nd edn), Delhi: Oxford University Press, 1931.

Wendy Doniger O'Flaherty, (ed. and trans.) *The Rig Veda: An Anthology*, Harmondsworth: Penguin, 1981.

Patrick Olivelle, (trans.) *Upaniṣads*, Oxford: Oxford University Press, 1996.

B. K. Smith, *Classifying the Universe: The Ancient Indian Varṇa System and the Origins of Caste*, Oxford: Oxford University Press, 1994.

Chapter 3

Rupert Gethin, *The Foundations of Buddhism*, Oxford: Oxford University Press, 1998.
Richard Gombrich, *Theravāda Buddhism: A Social History from Benares to Colombo*, London: Routledge and Kegan Paul, 1988.
Sue Hamilton, *Early Buddhism – A New Approach: The I of the Beholder*, Richmond: Curzon Press, 2000.
Damien Keown, *Buddhism: A Very Short Introduction*, Oxford: Oxford University Press, 1996.
Walpola Rahula, *What the Buddha Taught* (2nd edn), London: Gordon Fraser, 1967.
Andrew Skilton, *A Concise History of Buddhism*, Birmingham: Windhorse Publications, 1994.

Complete translations of the texts of early Buddhism are published by the Pali Text Society. Alternatives for some sections are:

Bhikkhu Ñāṇamoli and Bhikkhu Bodhi, (translation of the *Majjhima Nikāya*) *The Middle Length Discourses of the Buddha*, Boston: Wisdom Publications in association with the Barre Centre for Buddhist Studies, 1995.
Maurice Walshe, (translation of the *Dīgha Nikāya*) *Thus Have I Heard*, London: Wisdom Publications, 1987.

Chapter 4

There is almost no non-specialist reading material on this period. Some general references are made in:

Harold G. Coward and K. Kunjunni Raja, *Encyclopedia of Indian Philosophies*, Vol. V: *The Philosophy of the Grammarians*, Delhi: Motilal Banarsidass, 1990.

W. Halbfass, *India and Europe: An Essay in Understanding*, Albany, NY: State University of New York Press, 1988.
Richard King, *Indian Philosophy: An Introduction to Hindu and Buddhist Thought*, Edinburgh: Edinburgh University Press, 1999.
J. N. Mohanty, *Classical Indian Philosophy*, New York: Rowman and Littlefield, 2000.

More specialized:

George Cardona, 'Indian Linguistics', in Giulio Lepschy (ed.) *History of Linguistics*, Vol. I: *The Eastern Traditions of Linguistics*, London: Longman, 1994.
B. K. Matilal, *Logic, Language and Reality*, Delhi: Motilal Banarsidass, 1985.

Chapter 5

E. Frauwallner, *History of Indian Philosophy*, Vol. II, Delhi: Motilal Banarsidass, 1973.
M. Hiriyanna, *The Essentials of Indian Philosophy*, London: George Allen & Unwin, 1985.
Richard King, *Indian Philosophy: An Introduction to Hindu and Buddhist Thought*, Edinburgh: Edinburgh University Press, 1999.
J. N. Mohanty, *Classical Indian Philosophy*, New York: Rowman and Littlefield, 2000.

More specialized:

Wilhelm Halbfass, *On Being and What There Is: Classical Vaiśeṣika and the History of Indian Ontology*, Albany, NY: State University of New York Press, 1992.
B. K. Matilal, *Perception: An Essay on Classical Indian Theories of Knowledge*, Oxford: Clarendon Press, 1986.

Chapter 6

Stefan Anacker, *Seven Works of Vasubandhu: The Buddhist Psychological Doctor*, Delhi: Motilal Banarsidass, 1984.

Ian Harris, *The Continuity of Madhyamaka and Yogācāra in Indian Mahāyāna Buddhism*, Leiden: E. J. Brill, 1991.
C. W. Huntingdon, *The Emptiness of Emptiness. An Introduction to Early Indian Mādhyamika*, Honolulu: University of Hawaii Press, 1989.
Richard King, *Indian Philosophy: An Introduction to Hindu and Buddhist Thought*, Edinburgh: Edinburgh University Press, 1999.
Thomas A. Kochumuttom, *A Buddhist Doctrine of Experience*, Delhi: Motilal Banarsidass, 1982.
F. Th. Stcherbatsky, *Buddhist Logic*, New York: Dover Publications, 1962.
Frederick Streng, *Emptiness. A Study in Religious Meaning*, Nashville, TN: Abingdon Press, 1967.
Paul Williams, *Mahāyāna Buddhism: The Doctrinal Foundations*, London: Routledge, 1989.

More specialized:
Shoryu Katsura, (ed.), *Dharmakīrti's Thought and its Impact on Indian and Tibetan Philosophy*. Proceedings of the Third International Dharmakīrti Conference, Hiroshima, November 4–6, 1997. Vienna: Österreichische Akademie der Wissenschaften, 1999.

Chapter 7

Georg Feuerstein, *The Yoga-Sūtra of Patañjali: A New Translation and Commentary*, Folkestone: Dawson, 1979.
Georg Feuerstein, *The Philosophy of Classical Yoga*, Manchester: Manchester University Press, 1980.
Richard King, *Indian Philosophy: An Introduction to Hindu and Buddhist Thought*, Edinburgh: Edinburgh University Press, 1999.
Gerald Larson, *Classical Sāṃkhya* (2nd edn), Delhi: Motilal Banarsidass, 1979.
Ian Whicher, *The Integrity of the Yoga Darśana: A Reconsideration of Classical Yoga*, Albany, NY: State University of New York Press, 1998.
J. H. Woods, *The Yoga System of Patañjali*, Cambridge, MA: Harvard University Press, 1983.

Chapter 8

A. J. Alston, (trans.) *The Thousand Teachings of Śaṅkara*, London: Shanti Sadan, 1990.

Ashok Aklujkar, 'Summary of Bhartṛhari's Vākyapadīya' in Karl H. Potter (ed.) *Encyclopedia of Indian Philosophies*, Delhi: Motilal Banarsidass, 1991.

John Carman, *Theology of Rāmānuja*, New Haven, CT: Yale University Press, 1974.

Eliot Deutsch, *Advaita Vedānta: A Philosophical Reconstruction*, Honolulu: University of Hawaii Press, 1968.

M. Hiriyanna, *Essentials of Indian Philosophy*, London: George, Allen & Unwin, 1985.

Richard King, *Indian Philosophy: An Introduction to Hindu and Buddhist Thought*, Edinburgh: Edinburgh University Press, 1999.

J. N. Mohanty, *Classical Indian Philosophy*, New York: Rowman and Littlefield, 2000.

George Thibaut, (trans.) *The Vedānta-Sūtras with the Commentary of Śaṅkarācārya*, ed. Max Müller, *Sacred Books of the East Series*, Vols. XXXIV and XXXVIII, Oxford: Clarendon Press, 1890 and 1896.

George Thibaut, (trans.) *The Vedānta-Sūtras with the Commentary of Rāmānuja*, ed. Max Müller, Sacred Books of the East Series, Vol. XLVIII, Oxford: Clarendon Press, 1904.

Other recommended books

A. L. Basham, *The Wonder that was India: A Survey of the Indian Sub-continent before the Coming of the Muslims*, London: Sidgwick and Jackson, 1954.

Franklin Edgerton, *The Beginnings of Indian Philosophy: Selections from the Ṛg Veda, Atharva Veda, Upaniṣads, and Mahābhārata*, London: Allen and Unwin, 1965.

Jonardon Ganeri, (ed.) *Indian Logic: A Reader*, Richmond: Curzon Press, 2000

J. N. Mohanty, *Reason and Tradition in Indian Thought*, Oxford: Clarendon Press, 1992.

Wilhelm Halbfass, *Tradition and Reflection: Explorations in Indian Thought*, Albany, NY: SUNY Press, 1991.

Karl Potter, *Presuppositions of India's Philosophies*, Delhi: Motilal Banarsidass, 1991.

Karl Potter, (ed.) *Encyclopedia of Indian Philosophies*, Delhi: Motilal Banarsidass, 1970–93.

S. Radhakrishnan and C. A. Moore, *A Sourcebook in Indian Philosophy*, Princeton, NJ: Princeton University Press, 1957.

Ninian Smart, *Doctrine and Argument in Indian Philosophy*, London: George Allen & Unwin, 1964.

“牛津通识读本”已出书目

古典哲学的趣味
人生的意义
文学理论入门
大众经济学
历史之源
设计，无处不在
生活中的心理学
政治的历史与边界
哲学的思与惑
资本主义
美国总统制
海德格尔
我们时代的伦理学
卡夫卡是谁
考古学的过去与未来
天文学简史
社会学的意识
康德
尼采
亚里士多德的世界
西方艺术新论
全球化面面观
简明逻辑学
法哲学：价值与事实
政治哲学与幸福根基
选择理论
后殖民主义与世界格局

福柯
缤纷的语言学
达达和超现实主义
佛学概论
维特根斯坦与哲学
科学哲学
印度哲学祛魅
克尔凯郭尔
科学革命
广告
数学
叔本华
笛卡尔
基督教神学
犹太人与犹太教
现代日本
罗兰·巴特
马基雅维里
全球经济史
进化
性存在
量子理论
牛顿新传
国际移民
哈贝马斯
医学伦理
黑格尔

地球
记忆
法律
中国文学
托克维尔
休谟
分子
法国大革命
民族主义
科幻作品
罗素
美国政党与选举
美国最高法院
纪录片
大萧条与罗斯福新政
领导力
无神论
罗马共和国
美国国会
民主
英格兰文学
现代主义
网络
自闭症
德里达
浪漫主义
批判理论

德国文学
戏剧
腐败
医事法
癌症
植物
法语文学
微观经济学
湖泊
拜占庭

儿童心理学
时装
现代拉丁美洲文学
卢梭
隐私
电影音乐
抑郁症
传染病
希腊化时代
知识

电影
俄罗斯文学
古典文学
大数据
洛克
幸福
免疫系统
银行学
景观设计学